海上絲綢之路基本文獻叢書

英屬馬來亞地理

張禮千 編

文物出版社

圖書在版編目（CIP）數據

英屬馬來亞地理 / 張禮千編. -- 北京 : 文物出版社, 2022.7
（海上絲綢之路基本文獻叢書）
ISBN 978-7-5010-7635-2

Ⅰ. ①英… Ⅱ. ①張… Ⅲ. ①地理一馬來西亞 Ⅳ. ① K933.8

中國版本圖書館 CIP 數據核字 (2022) 第 086559 號

海上絲綢之路基本文獻叢書
英屬馬來亞地理

編　　者：張禮千
策　　劃：盛世博閱（北京）文化有限責任公司

封面設計：鞏榮彪
責任編輯：劉永海
責任印製：張　麗

出版發行：文物出版社
社　　址：北京市東城區東直門内北小街 2 號樓
郵　　編：100007
網　　址：http://www.wenwu.com
經　　銷：新華書店
印　　刷：北京旺都印務有限公司
開　　本：787mm×1092mm　1/16
印　　張：16.75
版　　次：2022 年 7 月第 1 版
印　　次：2022 年 7 月第 1 次印刷
書　　號：ISBN 978-7-5010-7635-2
定　　價：98.00 圓

總緒

海上絲綢之路，一般意義上是指從秦漢至鴉片戰争前中國與世界進行政治、經濟、文化交流的海上通道，主要分爲經由黄海、東海的海路最終抵達日本列島及朝鮮半島的東海航綫和以徐聞、合浦、廣州、泉州爲起點通往東南亞及印度洋地區的南海航綫。

在中國古代文獻中，最早、最詳細記載『海上絲綢之路』航綫的是東漢班固的《漢書·地理志》，詳細記載了西漢黄門譯長率領應募者入海『齎黄金雜繒而往』之事，書中所出現的地理記載與東南亞地區相關，并與實際的地理狀况基本相符。

東漢後，中國進入魏晋南北朝長達三百多年的分裂割據時期，絲路上的交往也走向低谷。這一時期的絲路交往，以法顯的西行最爲著名。法顯作爲從陸路西行到印度，再由海路回國的第一人，根據親身經歷所寫的《佛國記》（又稱《法顯傳》）一書，詳細介紹了古代中亞和印度、巴基斯坦、斯里蘭卡等地的歷史及風土人情，是瞭解和研究海陸絲綢之路的珍貴歷史資料。

隨着隋唐的統一，中國經濟重心的南移，中國與西方交通以海路爲主，海上絲綢之路進入大發展時期。廣州成爲唐朝最大的海外貿易中心，朝廷設立市舶司，專門管理海外貿易。唐代著名的地理學家賈耽（七三〇～八〇五年）的《皇華四達記》記載了從廣州通往阿拉伯地區的海上交通『廣州通夷道』，詳述了從廣州港出發，經越南、馬來半島、蘇門答臘半島至印度、錫蘭，直至波斯灣沿岸各國的航綫及沿途地區的方位、名稱、島礁、山川、民俗等。譯經大師義净西行求法，將沿途見聞寫成著作《大唐西域求法高僧傳》，詳細記載了海上絲綢之路的發展變化，是我們瞭解絲綢之路不可多得的第一手資料。

宋代的造船技術和航海技術顯著提高，指南針廣泛應用於航海，中國商船的遠航能力大大提升。北宋徐兢的《宣和奉使高麗圖經》詳細記述了船舶製造、海洋地理和往來航綫，是研究宋代海外交通史、中朝友好關係史、中朝經濟文化交流史的重要文獻。南宋趙汝適《諸蕃志》記載，南海有五十三個國家和地區與南宋通商貿易，形成了通往日本、高麗、東南亞、印度、波斯、阿拉伯等地的『海上絲綢之路』。宋代爲了加强商貿往來，於北宋神宗元豐三年（一〇八〇年）頒佈了中國歷史上第一部海洋貿易管理條例《廣州市舶條法》，并稱爲宋代貿易管理的制度範本。

元朝在經濟上採用重商主義政策，鼓勵海外貿易，中國與歐洲的聯繫與交往非常頻繁，其中馬可·波羅、伊本·白圖泰等歐洲旅行家來到中國，留下了大量的旅行記，記録元代海上絲綢之路的盛况。元代的汪大淵兩次出海，撰寫出《島夷志略》一書，記録了二百多個國名和地名，其中不少首次見於中國著録，涉及的地理範圍東至菲律賓群島，西至非洲。這些都反映了元朝時中西經濟文化交流的豐富内容。

明、清政府先後多次實施海禁政策，海上絲綢之路的貿易逐漸衰落。但是從明永樂三年至明宣德八年的二十八年裏，鄭和率船隊七下西洋，先後到達的國家多達三十多個，在進行經貿交流的同時，也極大地促進了中外文化的交流，這些都詳見於《西洋蕃國志》《星槎勝覽》《瀛涯勝覽》等典籍中。

關於海上絲綢之路的文獻記述，除上述官員、學者、求法或傳教高僧以及旅行者的著作外，自《漢書》之後，歷代正史大都列有《地理志》《四夷傳》《西域傳》《外國傳》《蠻夷傳》《屬國傳》等篇章，加上唐宋以來衆多的典制類文獻、地方史志文獻，集中反映了歷代王朝對於周邊部族、政權以及西方世界的認識，都是關於海上絲綢之路的原始史料性文獻。

海上絲綢之路概念的形成，經歷了一個演變的過程。十九世紀七十年代德國地理學家費迪南·馮·李希霍芬（Ferdinad Von Richthofen，一八三三～一九〇五），在其《中國：親身旅行和研究成果》第三卷中首次把輸出中國絲綢的東西陸路稱爲『絲綢之路』。有『歐洲漢學泰斗』之稱的法國漢學家沙畹（Édouard Chavannes，一八六五～一九一八），在其一九〇三年著作的《西突厥史料》中提出『絲路有海陸兩道』，蘊涵了海上絲綢之路最初提法。迄今發現最早正式提出『海上絲綢之路』一詞的是日本考古學家三杉隆敏，他在一九六七年出版《中國瓷器之旅：探索海上的絲綢之路》中首次使用『海上絲綢之路』一詞；一九七九年三杉隆敏又出版了《海上絲綢之路》一書，其立意和出發點局限在東西方之間的陶瓷貿易與交流史。

二十世紀八十年代以來，在海外交通史研究中，『海上絲綢之路』一詞逐漸成爲中外學術界廣泛接受的概念。根據姚楠等人研究，饒宗頤先生是華人中最早提出『海上絲綢之路』的人，他的《海道之絲路與昆侖舶》正式提出『海上絲路』的稱謂。選堂先生評價海上絲綢之路是外交、貿易和文化交流作用的通道。此後，大陸學者馮蔚然在一九七八年編寫的《航運史話》中，使用『海上絲綢之路』一詞，這是迄今學界查到的中國大陸最早使用『海上絲綢之路』的人，更多地限於航海活動領域的考察。一九八〇年北京大學陳炎教授提出『海上絲綢之路』研究，并於一九八一年發表《略論海上絲綢之路》一文。他對海上絲綢之路的理解超越以往，且帶有濃厚的愛國主義思想。陳炎教授之後，從事研究海上絲綢之路的學者越來越多，尤其沿海港口城市向聯合國申請海上絲綢之路非物質文化遺産活動，將海上絲綢之路研究推向新高潮。另外，國家把建設『絲綢之路經濟帶』和『二十一世紀海上絲綢之路』作爲對外發展方針，將這一學術課題提升爲國家願景的高度，使海上絲綢之路形成超越學術進入政經層面的熱潮。

與海上絲綢之路學的萬千氣象相對應，海上絲綢之路文獻的整理工作仍顯滯後，遠遠跟不上突飛猛進的研究進展。二〇一八年厦門大學、中山大學等單位聯合發起『海上絲綢之路文獻集成』專案，尚在醞釀當中。我們不揣淺陋，深入調查，廣泛搜集，將有關海上絲綢之路的原始史料文獻和研究文獻，分爲風俗物産、雜史筆記、海防海事、典章檔案等六個類别，彙編成《海上絲綢之路歷史文化叢書》，於二〇二〇年影印出版。此輯面市以來，深受各大圖書館及相關研究者好評。爲讓更多的讀者親近古籍文獻，我們遴選出前編中的菁華，彙編成《海上絲綢之路基本文獻叢書》，以單行本影印出版，以饗讀者，以期爲讀者展現出一幅幅中外經濟文化交流的精美畫卷，爲海上絲綢之路的研究提供歷史借鑒，爲『二十一世紀海上絲綢之路』倡議構想的實踐做好歷史的詮釋和注脚，從而達到『以史爲鑒』『古爲今用』的目的。

凡例

一、本編注重史料的珍稀性，從《海上絲綢之路歷史文化叢書》中遴選出菁華，擬出版百册單行本。

二、本編所選之文獻，其編纂的年代下限至一九四九年。

三、本編排序無嚴格定式，所選之文獻篇幅以二百餘頁爲宜，以便讀者閱讀使用。

四、本編所選文獻，每種前皆注明版本、著者。

五、本編文獻皆爲影印，原始文本掃描之後經過修復處理，仍存原式，少數文獻由於原始底本欠佳，略有模糊之處，不影響閱讀使用。

六、本編原始底本非一時一地之出版物，原書裝幀、開本多有不同，本書彙編之後，統一爲十六開右翻本。

目録

英屬馬來亞地理　張禮千　編　民國二十七年商務印書館鉛印本……………………………………………………一

英屬馬來亞地理

英屬馬來亞地理

張禮千 編

民國二十七年商務印書館鉛印本

張禮千編

英屬馬来亞地理

商務印書館發行

張禮千編

中華民國三十年九月拾日收到

英屬馬來亞地理

商務印書館發行

序

馬來亞得有今日之繁榮，是誰之功歟？披荆斬棘，鑿山開道者，吾華僑也，備嘗艱苦，經之營之者，亦吾華僑也。據華漢 (J. D. Vaughan) 之記載六十年前吾華僑在海峽殖民地中所從事之職業，已有一百餘種之多，故布魯克有言曰，無華人吾人將束手無策 "Without the Chinese we can do nothing"，斯言也洵非虛語。

大佐拉愛脫謂華僑在馬來半島之居民中，實爲最有價値之民族。克洛福特於報告印度政府之公文中，亦謂華僑不但其數衆多，而且克勤克儉，對於開發馬來半島之富源，捨彼莫屬。牛鮑德 (Newbold) 之視華僑則謂在海峽殖民地中，首無其他民族可與之比擬，瑞天咸認爲馬來各邦之得有今日，皆爲華僑之努力與冒險所造成。雜加斯 (Charles Lucas) 認海峽殖民地之發展，華僑最佔重要。吾人細察上列諸說，英人對於華僑之深致欽佩，其故究安在耶？試申述之：

馬來人爲游手好閒性極怠惰之民族，舉凡艱苦之事業，連續之工作，如經營商業，墾植園林等等，一概不能勝任，其惟一之拿手好戲，爲小船之水手，及汽車之駕駛。印度人在馬來亞中，固亦爲重要之民族，然彼等之貢獻於馬來亞者，遠不如吾華僑之偉大，蓋彼等中之大部份所從事之職業，概爲傭僕、水手、書記、小販、及園林中之工人而已，且其工作效率，亦難與吾華僑互相抗衡也。歐洲人雖在馬來亞中，有卓越之地位，有無上之威權，然彼等對於熱帶氣候，頗不慣適，故除充任行政機關中之官吏、輪船之船長、以及醫生律師等較高之職業外，其他事業亦不得不拱手讓之與華僑。

華僑在馬來亞中既有此適宜之環境，偉大之勢力，其將由何道維持永久，而毋遭後起之日人攘奪攫取耶？試再申論之：

考馬來亞現有華僑一百七十萬人，吾人對此廣大之羣衆，應作何種感想？是否仍抱疇昔之見解，一任其自然消長，置之不問乎？抑須爲詳審之推究，令吾人在此已立之基礎，已有之事業，毋生動搖，並謀進展乎？則後說之重要，自可不言而喻。然環顧國內研究南洋之機關，寥若晨星。就私人團體言，中南文化協會成立未久，且爲經濟所限，目前尚鮮成效。就國家方面言，固早有僑務委員會之設立，然此係政治團體，對於研究二字，似鮮注意。

編者旅居星洲，前後數載，雖國內名人政客之南遊者，時有所聞，然彼等跋涉重洋之目的，或爲宜慰，或來募捐，而求如華來斯之費八年（一八五四至一八六二年）之心血，集十二萬五千六百六十種之生物標本者，恐吾國尚無其人也。更求如日本人之藉賣藥爲名，深入婆羅洲內地，考察地理，繪製地圖者，在吾國亦未之前聞也。

再一察海外，則對於研究南洋之學術團體，亦從未組織。僑胞每傾其私蓄之餘資，辦理教育事業，頗具熱誠，此種精神，殊足令人欽佩，惟對於研究學術之觀念，似從未縈徊於腦間，故凡關於南洋之圖書，無人願輸鉅款，廣爲搜羅，凡關於研討南洋之著作，亦絕少贊助之人，俾得付諸梓版，以廣流傳。然此固不能有責於僑胞。蓋僑胞之移居於馬來亞者，概從事於農工商鑛，終日手足胼胝，以謀衣食，除對於教育事業，已盡其極大之努力外，尚安有餘暇，以爲此類鉅款無近效之事業乎？

惟吾人所大惑不解者，日本人之移殖南洋，爲時甚暫，卽僑居於新加坡之日人，亦不及吾國僑民之百分之一，然關於研究馬來亞之書籍雜誌，已如汗牛充棟，不可勝數，而彼等在馬來亞之各種事業，亦如雨後春筍，頗呈蓬勃之象，致使英人側目，頗懷戒心。夫日人之與吾同屬圓顱方趾，彼能忍苦，吾能耐勞，彼能競爭，吾能奮鬭，故於精神方面，體魄方面，實無軒輊之別。但彼在馬來亞之一切事業，竟日趨前進，日臻鞏固，而吾在馬來亞之一切事業，則大有土崩瓦解，岌岌可危之勢。其故安在？蓋吾人南移之動機純由經濟，對於其他目的向不考慮。是以在馬來亞僑居數世之華人，對於此地之政治組織，生物狀態，以及河流山脈之名稱等等，仍有瞠目矯舌，不能對答之苦；即深受英文教育之華僑子弟，雖能明瞭馬來亞之史地情形，但終如隔岸觀火，未能透澈。

華僑與馬來亞發生關係，始於何時，雖渺不可考，然至少當在千年以上。而華僑之來此謀衣謀食者，其數又如此之多，則吾人將來對於此地斷難斷絕關係。既不能絕緣，則當謀所以鞏固及發展之道，如是吾人對於馬來亞之研究，其尚可再緩乎？

編者本此上述之理由，費半年以上之時間，參考西文書籍數種，勉成馬來亞地理一書，以備熱心研究南洋事業者之參考。惟編者學力有限，且於地理一門素鮮注意，書中謬誤之處，自屬難免，尚乞　大雅宏達，有以正之。

二十五年四月十八日

編輯大意

一、本書編制悉照 W. T. Cherry 所著之英屬馬來亞地理(Geography of British Malaya)，其內容之十分之七亦取自此書，蓋以原著在馬來亞之英文學校中普遍採用，凡自第六級(Sixth Standard)起之英文學生均以此書為必讀之課本，則原著編制之適宜，已無待言。

二、本書共分五篇三十章，第一篇為馬來亞總論，對於地形、生物、交通、物產、歷史等項均有詳細之敍述。自第二篇起，於每章之前，均附有簡明之歷史，次述政治、教育、交通、物產、河流、山脈等等，俾讀者得深切明瞭各地之詳情。末附馬來羣島一篇，敍述非常簡括，聊備讀者之參考。

三、本書中所有地名、山名、河名等等，概照華僑習慣通用之名稱，其有無從查考者，則由編者音譯或意譯之，凡名稱之後，均附外國文字，以便讀者。

四、本書可為華僑初級中學一、二年級之課本，而華僑學校之地理教師，及欲赴馬來亞考察之國人，如能備置本書，亦可獲益不少。

五、本書附有地圖九幅，繪製準確明晰，足增本書之價值，末附人口統計表，中外專名對照表等，尤便讀者之檢查。

六、編制本書時，除以 Cherry 所著之英屬馬來亞地理一書，作爲藍本外，另參考下列諸書：

（一）Journal of the Malayan Branch, Royal Asiatic Society, Vol. III. Part II.

（二）A. R. Wallace所著之 The Malay Archipelago.

（三）新加坡扶輪社 Rotary Club 印行之『工業中心之新加坡』

（四）Manual of Statistics Relating to the Federated Malay States.

（五）I. H. Burkill 所著之 The Botanic Gardens, Singapore.

二十五年四月十八日

目次

英屬馬來亞地理

一 馬來亞總論

第一章 位置與鄰境

古人有言：『欲窮千里目，更上一層樓，』即示人欲望遠必須登高之意。今設吾人駕一飛機，遊弋於新加坡市（Singapore）之上，乃盡目力之所及，俯首鳥瞰，則見有無數島嶼，散列於大洋之中，有如星羅棊布，此卽世稱最偉大與最美麗之島羣是也。此等島羣，示如上圖，統稱之曰馬來西亞（Malaysia）。

馬來西亞計含四大羣島：曰非律濱羣島（Philippine Islands），曰馬來羣島（Malay Islands）〔計有蘇門答臘（Sumatra）、爪哇（Java）、婆羅洲（Borneo）、西里伯（Celebes）等島〕曰摩鹿加羣島(Moluccas)，或稱香料羣島(Spice Islands)，曰巴布亞羣島(Papua Islands)〔一稱新基尼亞(New Guinea)〕。

有一形如拇指，向南突伸，而介於婆羅洲與蘇門答臘兩島之間者，為一狹長之半島。吾人稱此拇指形之陸地，曰馬來半島(Malay Peninsula)，在此半島之南部，以行政上之微有不同，可分三大部份：

一曰海峽殖民地(Straits Settlements)，

二曰馬來聯邦(Federated Malay States)，

三曰馬來屬邦(Non-Federated Malay States)。

合此三大部份，與其他之若干小島，因均被英國所統治，故總稱曰英屬馬來亞(British Malaya)，此即本書所欲研究之問題也。

馬來亞主要之鄰國共計有四：其北與暹羅(Siam)接壤，西北越孟加拉灣(Bay of Bengal)與印度為鄰，東北越中國海與中國為鄰，而環拱在馬來亞之兩側及在其南端者，則皆為荷屬東印度羣島(Netherlands East Indies)。

第二章　政治區劃

今試檢閱馬來半島之地圖，以研究其行政上之區劃。在圖上畫格線者爲海峽殖民地，計分三部：曰新加坡，曰檳榔嶼（Penang）而威斯來(Province Wellesley)與天定(Dindings)兩區附矣，曰馬六甲（Malacca）以上三部，吾人通稱爲三州府。此外尙有屬於新加坡管理之其他若干小島，以本圖未載，容當另詳。

新加坡係島名、市名與區域名之混稱，別稱星洲。檳榔嶼亦係島名、市名與區域名之混稱，別稱檳城。惟英人稱檳城島曰威爾斯太子島（Prince of Wales Island），稱檳城市曰喬治市(George Town)。

在地圖上畫斜線者爲馬來聯邦，計有四部：曰大霹靂(Perak)，曰雪蘭莪(Selangor)，曰森美蘭(Negri Sembilan)曰彭亨（Pahang）。以上四部，吾人通稱曰四州府。此四部雖各有巫長，然合組一中央政府於雪蘭莪之吉隆坡(Kuala Lumpur)，故稱聯邦。

在圖上畫直線者爲馬來屬邦，共分五部：一曰柔佛(Johore)，二曰吉打(Kedah)，三曰玻璃市(Porlis)，四曰吉蘭丹(Kelantan)，五曰丁加奴(Trengganu)。

合上述之海峽殖民地，馬來聯邦，與五個馬來屬邦，即稱英屬馬來亞。彼等在行政方面，如關稅，郵政、鐵道等等，雖各自獨立，不相統屬，但均受英皇委任之海峽殖民地之總督所統治。

圖之北部白色者係暹羅國境，此非英屬馬來亞所管轄者也。

圖之南部與西部係白色者，爲荷蘭之土地，概屬於荷屬東印度羣島。

第三章　地文概論

境域　馬來半島北界暹羅，東瀕中國海，其西與南則以馬六甲海峽 (Straits of Malacca) 爲界。

廣袤　馬來半島約綿亘於北緯一度十五分與十度，東經一百零五度與九十八度之間，其全長約爲七百哩。至英屬馬來亞之長度自極北之吉打起，至極南之新加坡止，約四百六十四哩，其最闊之處自天定起至丁加奴止，約二百一十六哩。考馬來半島最狹之部份，在克拉士腰 (Isthmus of Kra)，其闊不過四十哩而已。

英屬馬來亞之面積約五萬二千五百平方哩，比吾國之福建省約大六千餘平方哩。

氣候　英屬馬來亞完全位於熱帶區域，如新加坡在赤道之北，不過七十六浬，然因馬來亞三面環海和風時拂，故能將熱度調勻，反不若吾國北部夏季氣候之炎熱。在新加坡每年平均溫度，爲華氏八十二度，檳城地位稍北，較新加坡約高四度至如瓜勝立比 (Kuala Lipis) 之位於腹地者，則較新加坡高出六度。然無論何地，晚間氣候均感涼爽，雖穿夾衣，斷不致汗流浹背也。

馬來亞之溫度雖不甚高，然濕度極大，故每逢濕熱之天氣，比之溫度較高之乾熱國家，稍感難受。且其地氣候終年如夏，四季絕少變化，故凡歐人之僑居斯土者，頗難忍受，是以每三、五年，必回國一行，藉獲健康。惟吾華人對於此種天氣之抵抗能力，較任何國民爲強，故甚多世代僑居，樂而忘返者。

新加坡之雨量，平均每年約爲七十七吋，在檳榔嶼則較此數略少，其他各處較多，至在太平(Taiping)則每年平均雨量可達一百六十四吋。

馬來亞之四季，遠不如吾國有明顯之分別。從十月至二月多係東北風（即東北季候風，）從四月至九月多係西南風（即西南季候風。）雨雖常隨此種信風俱來，惟以馬來半島面積不廣，故事實上實無乾季熱季之分，又無濕季寒季之別。不過就大體言之，自八月至十月爲半島北部最濕之時期，自十一月至二月，則在太平以南之各地，常多陣雨。

山脈　從研究半島之地形，可先覩地形總圖。於此有一山脈，由北至南，逶迤起伏，形如脊骨。在山脈之西者，爲大霹靂、雪蘭莪與森美蘭三部。在山脈之東者，爲吉蘭丹與彭亨兩部（參閱馬來半島圖。）故此山脈，實上述諸部之分界線也。馬來亞中最高之山，爲在彭亨北部之大漢山（Gunong Tahan），其高度達七、一八六呎。在大霹靂東界之葛保（Gunong Kerbau）與杭俠（Gunong Yong Yap）二山，高度亦均在七千呎以上。綿亘於大霹靂之崇山峻嶺，概係西向，北部山脈則形成吉打之邊界，迨至雪蘭莪與森美蘭，則雄偉之山，即不多見。彭亨東北部，亦爲多山之區，惟將近馬六甲與柔佛兩部，則不但山數減少，且多如培塿矣。

英屬馬來亞中，有溫泉多處，惟無火山。至關於各地山嶺之詳細情形，當於地方誌中述之。

河流　此上述之山脈，完成半島一大分水嶺。位於此山脈以西之河流，均灌注於馬六甲海峽，位於其東者，則注於中國海。

馬來亞主要之水系，可於地形總圖見之。西有霹靂河，東有彭亨河與吉蘭丹河，此三大河之流域甚廣，受其灌溉之地，稻類尤多。至於河流之詳細情形，將於各州中再述之。惟吾人所宜注意者，即河之利益，有關於一國之國計民生者至重，且大當公路未闢，鐵道未通以前，所有一國之物產，概須賴此河之運輸，方可行銷於全世。且凡河流所經之處，其地必較肥沃，灌溉亦甚便利，如吾國西北之蒙古，非洲之撒哈拉沙漠（Sahara Desert），因缺乏河流之故，遂多不毛之地。再如建築鐵道，其路線若能依傍河道，則可免鑿山開洞之勞，如馬來亞東部之鐵道，即緣彭亨河與吉蘭丹河而興築，職是故也。

馬來半島之河流，盡係淺水，殊不適於巨船之航行，即如上述之三大河，其合於大輪船之行駛者，亦不過在河口處之數哩而已。且位於東海岸之河口，往往爲沙帶所阻塞，故非待至高潮與天氣晴和之時，即小輪船亦難駛入。

馬來半島之海岸線，曲折不多，極有規則。沿岸以淺灘爲多，在東部之海濱，泥土堅實，竟可築路。

海口　新加坡與檳榔嶼本係兩個小島，且又爲歐亞交通之要道，故各建有完善之海口。海口之建於半島大陸者，祇有一處，名曰瑞天咸(Port Swettenham)，航行於歐亞間之巨輪，亦常寄碇矣。瑞天咸吾人通稱曰巴雙港口，以其位在巴雙河(Klang River)之河口也。

港口　在馬來亞中可爲普通輪船停泊之港口不少，沿西岸者有：蔴坡(Muar)、馬六甲、波德申(Port Dickson)、安順(Telok Anson)、魯麥(Lumut)與砵衛(Port Weld)等諸港口。沿東岸者有位於彭亨河、關丹河(Kuantan River)、丁加奴河與吉蘭丹河河口之四港口。西海岸鮮狂風巨浪，故終年均可通航。東海岸，一年之中有八個月風浪較小，上落貨物甚便，惟自十月至二月，東北季候風一起，則輪船之航行，極感困難。

凡可以通航之河流，在其河口處均由政府設置燈塔。又因欲指示航海者之方向，與謀輪船之安全，於若干小島及士角上，亦有燈塔之設置。例如於墨加岬（Muka Head）、一尋堤（One Fathom Bank）、拉加渡岬(Cape Rachado)與蘇丹沙(Sultan Shoal)等處，均有光輝四射之燈塔矣。

士角（馬來語曰 Tanjong，簡寫爲 Tg.，華人譯言丹絨。）士角或稱岬，英屬馬來亞中主要之士角有如下列：

在東岸者有：

丁加奴岬，北岬一稱龍運岬(Tg. Dungun)，中岬一稱納閩岬(Tg. Labuan)，南岬一稱潘女珠朗(Tg. Penunjut)，佟蘭士角(Tg. Gelang)、淡泊嶺士角(Tg. Tembeling)、班也朋岬(Tg. Penyabong)、石蘭太岬(Tg. Selantai)，丁加奴岬(Tg. Tingaroh)，實大咸岬(Tg. Setajam)等。

在南岸者有：

羅米尼亞岬(Cape Rumenia)，庇愛士角(Tg. Piai)等。

在西岸者有：

獨夫士角(Tg. Tohor)、吉靈士角(Tg. Kling)、垃加渡岬、墨加岬等。

島嶼（馬來語曰 Pulau 簡寫爲 P.）主要之島嶼有如下列：

近東岸者有：

伯漢天羣島(Perhentian)、大連遼島(Great Redang)、小連遼島丁哥爾島(P. Tenggol)，倍哈拉島(P. Berhala)、刁門島(P. Tiuman)、司利蒲島(P. Sribuat)、庇門奇爾島(P. Pemanggil)，呇皮島(P. Babi)、丁宜島(P. Tinggi)、先務島(P. Sibu)等。

近南岸者有：

新加坡島及其坿近之諸小島，兵打島(P. Bintang)、萬丹島(P. Batam)、蒲冷島(P. Bulang)，克里魔羣島(Kerimun Islands)等。

近西岸者有：

龜咯島(P. Kukub)、皮生島(P. Pisang)、巴生港口羣島、阿魯亞羣島(Aron Islands)、

森美蘭羣島、邦哥島(P. Pangkor)、檳榔嶼、蘭加維島(P. Langkawi)等。

海峽　英屬馬來亞主要之海峽如下：

介於馬來半島與蘇門答臘之間者，爲馬六甲海峽。

介於檳榔嶼與威斯來之間者，曰南海峽(South Channel)與北海峽(North Channel)。

介於巴雙島與魯麥島之間者，曰巴雙海峽(Straits of Klang)。

介於新加坡島與柔佛之間者，曰柔佛海峽。

介於新加坡島與萬丹島之間者，曰新加坡海峽。

在新加坡以南之羣島間之海峽，容後另述。

第四章　生物

植物　馬來亞土地肥沃，終年常綠，兼以氣候之溫潤，荒土之衆多，故樹木花卉之屬，滋生甚易。現除業已墾闢之橡樹園（通稱樹膠園）、椰子林、稻田等外，叢林密莽，尙到處可見。據現在所知之棕櫚科植物已有一五〇種，蘭科植物已達九七〇種。

常見之果樹，有椰子、榴槤(durian)、山竹(mangosteen)、香蕉、番瓜(papaya)、紅牡丹(rambutan)、蒲桃(jambu)、檳榔、荳蔻等，其果實爲吾人所常食。至主要之木材，將於第七章中敍述之。

橡樹(rubber tree)之種植，爲時纔五十餘年耳。但在馬來亞所產之橡皮（樹膠）已超過全世界產額之半。近年對於油棕(oil palm)之種植，亦密切注意，聞其利益當不在橡皮之下。

此外如鳳梨(pineapple)、竹籐、亞答(attaps)（爲棕櫚科植物之一，其葉可蓋屋頂）、甘蜜(gambier)（爲染革之重要原料）、胡椒、碩莪(tapioca)、稻等之培植，亦尙興盛。惟煙草、茶樹、咖啡、甘蔗等之栽培，則遠不如坿近各國之發達。

動物　產於馬來亞之動物，數難勝計，如嬌豔之鳥，奇異之蝶，華美之貝，紅綠之珊瑚等，其狀態之美麗，種類之繁夥，在世界上無出其右。

哺乳類　屬於類人猿中之長臂猿，在馬來半島中，計有三、四種，其中最大者，爲手大身長之**合趾猿**(siamang)。至如產於蘇門答臘及婆羅洲之大猩猩(orang utan)(意卽野人)在馬來半島從未發見。最普通之猴類，計有三種：一爲用以採取椰實之大猴，一爲毛色光澤可以豢養之沐猴，一爲尾長身短之長尾猴。鼠與蝙蝠之屬，數亦不少。蝙蝠屬中之最大者，稱曰飛狐，常於暮色蒼茫中，羣飛至果園，覓實充飢。食肉獸類，概散居於深山叢莽中。除猛虎、斑豹、野犬、麝貓、狸貓(musang)等外，尚有獺屬、熊屬等兇獸。有蹄類中之最大者爲象，而如犀牛、貘、鹿、豬、野牛(soladang)等，爲數亦夥。有蹄類中之較小者，四羌鹿(muntjac)，最小者曰鼠鹿，其大如鼠，其形如鹿，於吉隆坡之博物院中有陳列矣。最珍奇者爲無齒哺乳類，有鱗食蟻獸，卽此類之一種也。此獸與產於南美洲之犰狳同屬。海產物中最大之哺乳類爲鯨屬。自馬六甲捕得之印度鯨，其骨骼懸列於新加坡之博物院中。此屬中之較小者，有眞海豚、灰海豚等數種。

鳥類　據現在所知者，約有六百餘種。大別之，有雉類、鴿類、攀禽類、涉禽類、燕雀類等。雉類中之最奇者，爲蛇目雉。屬於攀禽類者：有鸚鵡、杜鵑、啄木鳥、大角鳥等。屬於燕雀類者，有釣魚郎、啄蜂鳥、水、燕麻雀、夜鶯、金鶯、鵯鶺鴒、太陽鳥、織布鳥、椋鳥等。如鷹、鳶、梟、鷲之屬，則爲猛禽之代表。至於嗜食腐肉之兀鷹，則於半島之北部，始能見之。

爬蟲類與兩棲類　此二類之產量，亦豐富異常。龜鼈之屬，爲數不少，如可充食料之綠毛龜，與可作飾品之玳瑁等，在龜鼈之中最爲著名。碩大可畏之鱷魚，則常棲息於大河之口，與叢莽旁之沼澤中，至長鼻之鱷魚，產數甚少。蜥蜴與守宮之種類，數亦可觀。守宮之匍匐於牆壁上者，更隨在可見。蛇類達一百餘種，蟒蛇、土虺蛇、眼鏡蛇，其最著者也。蛇之有劇毒者，爲土虺蛇、眼鏡蛇與頭如三角形之蝮蛇等。海產之蛇，亦均有毒，惟具扁尾，得易認識。

魚類　魚類之多，尤難勝計，或生於河，或產於海。其中最大者：有沙魚、章魚等。滋味最佳，而爲吾人所常食者，有鯧魚、扁魚、銅盆魚(ikan merah)、鰹魚(ikan bawal)、鯆魚(ikan pari)等。至棲息於珊瑚礁近旁之魚，色澤最爲美麗。

昆蟲類　吾人每當夕陽西下，散步於園林芳草之間，則見有羣蟲萬千，或飛或止。迨至晚間，燈火一明，則又有無數飛蟲隨光俱來，迴翔於燈光之下。由此可知熱帶蟲類之繁富，勢難一一論次矣。

茲擇吾人常見之數種，略加敍述。

馬來亞中蜂蟻之屬，滋生無數。蠅類蚊類，亦極可亂，瘧蚊卽係此間之產物。蝶類蛾類，數達千種。蛾類中之最大者，爲阿脫拉斯蛾(Atlas moth)，甲蟲類中則有天牛、象鼻蟲等，後者爲椰子之害物。蜻蜓類數亦不少。蟲類中之最有害者，厥爲白蟻，偶一不愼，則任何物件，均被其蛀蝕殆盡，惟鐵與石，始可幸免。蜚蠊科與蚱蜢科中之昆蟲，最爲奇特。有形如枯枝，有狀如綠葉，故棲息之時，人每不覺。木蝨、螢、蟬之屬，亦到處皆有，蟬乃蟲類中之音樂家也。與昆蟲類相關聯者，有馬陸、蜈蚣、蜘蛛、蝎子之屬，於此亦繁生矣。

海中所產之蟲類，亦多奇異。吾人若於退潮之時，一遊珊瑚之礁，或入魚市之場，卽可知環繞於馬來亞之海洋，其中產物之豐富矣。有奇形異狀之蝦蟹，有光怪陸離之貝介，而海盤車、海膽、珊瑚、海綿等屬亦無一不有。

在新加坡、吉隆坡及太平三處，政府有博物院與植物園之設置，讀者如欲詳究馬來亞之動物植物，可往參觀。

第五章　居民

距今百餘年前，馬來亞之居民並不稠密。後以建設事業之突飛猛晉，各埠商業之逐漸繁昌，於是移民之數，逐年有增加。據一九三一年之統計，馬來亞共有居民已達四、三八一、三四二人。爪哇面積不到三萬方哩，而其人口竟爲馬來亞之十倍，故馬來亞實非人口繁密之區也。近年政府對於外來移民，加以相當限制，其殆一時之策略歟。

馬來亞之居民，可分兩大類：一爲原住民族，二爲外來民族。

一、原住民族　原住民族計分三種：曰石岷族（Semang），曰沙蓋族（Sakai），曰馬來族（Malays），試分述之：

石岷族與沙蓋族　石岷族中之尼格列多人（Negritos），殆爲半島中原始之居民，彼等身軀矮小，文化甚低，現除散居於馬來半島外，於菲律賓及安達曼羣島（Andaman Islands）亦有居住。直髮之沙蓋族，則來自印度支那，此種民族從未移入蘇門答臘，或其他之馬來羣島，現除於雪蘭莪之海濱，可見極少之沙蓋人外，餘均居於彌山叢莽中。考此種民族，尚過游牧生活，日惟採摘野果，或用原始之武器獵取野獸，用以充飢。

馬來族　馬來民族中有所謂雅貢人（Jakuns）者，概散佈於森美蘭、柔佛及彭亨之南部，間有簇居於望加麗島（Bengkalis）者。其住於新加坡島坿近之雅貢人特稱之曰海人（Orang Laut），以其能入海探物也。嘗來往於歐亞間之海輪將欲泊岸之時，彼等常駕一葉扁舟，昂首向乘客索錢，客如以銀幣投海，彼等即縱身入水，一攫而獲。雅貢人不信回教，殆爲馬來民族中之土著，現其大部份，與已開化之馬來人同化。於歷史上稱爲巫來由人（Orang Mĕlayu）者，即爲近代馬來民族之始祖，嘗巫來由人於數世紀前，自印度支那遷徙於蘇門答臘時，雅貢人已散居於半島之東岸，其時實爲一種無家可歸，漂泊流離之人類。

吾人日常所見之馬來人，即屬於近代馬來民族，概自蘇門答臘移來。此島於遠古之時，已爲馬來民族文化之中心。如蘇門答臘南部之巨港（Palembang River）流域，中部之湄那加保國(Menangkabau)以及西克(Siak)、金巴(Kampar)與英得其里(Indragiri)等河之上游，此種近代馬來民族，早已宅居繁殖其間矣，從蘇門答臘南部，移殖於新加坡之馬來人，於十四世紀時，因受爪哇遠征軍之侵略均逃亡至馬六甲，另組國家統治民衆。其時馬六甲國，國勢方張，商業鼎盛，故不但與亞齊(Acheen)、巴袞(Pasar)及蘇門答臘沿岸之各埠互爲定期的交通且與中國、印度及印度支那等，亦時有往還矣。

二、外來民族　外來民族中之最重要者，有下列數種：

歐洲人　馬來亞現爲英國所統治，故一切行政機關之高級官吏及公立學校之校長等，概係英人。又因此地商業之繁盛，物產之豐富，故荷蘭人、法蘭西人、意大利人等之僑居斯土者，亦各百數。惟歐洲人概居留於較大之城市，其住於鄉間小鎮，與橡樹園錫鑛場中者，數極稀少。在新加坡之歐洲人約有六千，在檳城、吉隆坡、怡保(Ipoh)等處較少。據一九三一年之調查，英屬馬來亞共有歐洲民族，不過一七、七六七人而已。

華人　外來民族中數之最多者，厥吾華人。在新加坡幾佔五分之四。舉凡園林水澤之旁，窮鄉僻壤之區，莫不有吾人之足跡。馬來亞中最大之橡樹園、錫鑛，以及工廠、公司、銀行等等，多爲吾華人所經營。上自大企業家，下至販夫走卒，亦屬華人。此外如行政機關中之譯員、書記、各處學校之教員、學生，華人亦均佔絕大多數。惟自近年以來，一因世界不景氣之來臨，二因日本南進政策之猛烈，吾華人在馬來亞之地位，已不若夙昔之鞏固矣。據一九三一年之調查，吾華人之在馬來亞者，共有一七一〇〇二四人。其中聲望較高資產較大者，則概隸英籍。

印度民族　外來民族中其數僅次於華人者，爲印度民族。據一九三一年之統計，共有六二七七二〇人。印度民族中，以太密爾人(Tamils)佔最多數，彼等多爲橡樹園中之工人，間有充書記與教員者。此外尚有席地而坐，工於心計，專恃匯兌放債，以爲生活之齊智人(Chetty)，與專司守門之孟加麗人(Bonglees)等。

除上述之三種外來民族外，尚有美國人、阿剌伯人、日本人與爪哇人等。

又有所謂歐亞混血種(Eurasian)者，其數亦甚可觀。更有峇峇人(Babas)者，則係專指生長於馬來亞之華人及印度人之統稱。在海峽殖民地，華人中之峇峇人，竟佔三分之一；印度人中之峇峇人，則佔四分之一。彼等對於祖國之語言文化，大都茫然。蓋彼等平時所受者，爲殖民地之英文教育，而日常所言者，又盡爲馬來土語。惟吾華人中之峇峇人，近以華僑提倡教育之功效，已漸趨覺悟，而樂於接受本國文化之陶冶矣。

宗教　沙蓋族與石岷族無宗教之信仰，祇依違於心靈神怪之間。馬來人以先有印度商人之勸導，與後有來自哈德烏脫(Hadramaut)之阿剌伯人之宣傳，故盡宗回教。可蘭經(Koran)爲回教之聖典，馬來人亦能用阿剌伯語言以誦習之。英政府向取信教自由之宗旨，故不但對於宗教上之一切習慣，加以保護，且常引用回律（Mohammedan Law）和平解決由宗教上所發生之糾紛。馬來亞之各州巫長，亦盡信回教。

僑居於馬來亞之印度人，或信回教，或信印度教（Hinduism），其信印度教者，對於階級教規等，均不若在印度之嚴格。印度民族中之雪克人（Sikhs），則自成團體，另信所謂雪克教(Sikhism)矣。

吾國向有佛教、道教之分，故僑居於馬來亞之華人，亦有宗佛教或道教者。惟吾華人最良好之習慣，乃爲祖先之崇拜。此種慎終追遠之意，對於民族團結之功能極大，吾人切不可以保守之故，加以非難。惟吾華人間以風俗習慣與信仰等之微有不同，並有廣大之羣衆散居斯土，故英政府特設一官曰華民政務司(Secretary for Chinese Affairs)者，專處理華人間發生之一切事務。近年來華僑教育，亦歸華民政務司管理。

基督教雖爲歐洲人與歐亞混血種人所宗，然華人與太密爾人之信仰者，數亦不少。惟馬來人，則絕無一人信仰此教。基督教之教堂與傳教機關，遍設於馬來亞之各大城市，如天主教堂、新教教堂、美以美會長老會等。此等團體，概從事於宣傳勸導等工作，更因歐美基督教會之補助經費，與居留政府之熱誠維護，又努力於醫藥、教育等事業。

此外尚有猶太教者，爲極少之猶太人所信仰，以在馬來亞無重要地位，故不備述。

總上所述，回教、印度教、與基督教，爲馬來半島中主要之宗教。

第六章　交通

欲一國商業之繁盛富源之開發，須全恃交通機構之敏捷。如是人民之來往可以自由，貨物之運輸可以無阻。河道爲交通上重要工具之一，已如前述。此外如鐵道、公路、航線、航空、電報、電話等等，亦均爲交通上之重要利器，本章將一一敍述之。

航路　百餘年前，馬來亞之海上交通，極不便利，來自亞歐二洲之商人，全恃不定期之帆船。如自吾國福建之泉州（晉江）欲航行至馬六甲者，非歷一、二月之久不可。近自海輪通航以來，旬日即到，其便利爲何如？現在航行於歐亞間之郵船，在星洲檳城兩處，則定期停泊，而於巴雙港口、馬六甲兩處，有時亦常寄椗。至行駛於亞洲沿海各口岸之輪船，則多至不可勝數。

馬來亞主要之近海航線示之如下：

以新加坡爲起點者，有下列十線：

（一）從新加坡至馬六甲、波德申港口、巴雙港口、安順港口、檳城。

（二）從新加坡至檳城仰光(Rangoon)、加爾各答(Calcutta)。

（三）從新加坡至檳城、那泊丹(Negaptam)、麻打拉斯(Madras)

（四）從新加坡至勿老灣(Belawan)（棉蘭 Medan 之港口）、沙横(Sabang)、及蘇門答臘西岸之各口岸，如實武呀(Sibolga)、巴東(Padang)等。

（五）從新加坡至巨港(Palembang)、吧城(Batavia)、三寶壠(Semarang)、泗水(Sourabaya)及東部澳大利亞。

（六）從新加坡至廖內(Riau)，山口洋(Singkawang)，坤甸(Pontianak)。

（七）從新加坡至西部澳大利亞各口岸。

（八）從新加坡至馬來半島之東岸各港口，如彭亨、丁加奴、吉蘭丹、大年(Patani)、宋卡拉(Singgora)等而直達曼谷(Bangkok)。

（九）從新加坡至砂勝越(Sarawak)、納閩及英屬北婆羅洲各口岸。

（十）從新加坡至南中國各口岸，如香港、汕頭、廈門等。

以檳城爲起點者，有下列二線：

（一）從檳城至勿老灣、沙橫、實武呀、巴東。

（二）從檳城至吉打港口與玻璃市港口。

行駛於上述各埠間之輪船，其中大部份隸於英國。屬於日本、荷蘭、與美國之輪船，數亦不少。華僑在新加坡所辦之和豐輪船公司，則專駛衎中國各口岸及仰光等埠。

在新加坡與檳城兩海口間，備有舢板船與電船(motor boat)極多，以備乘客上落之雇用。

上述各口岸間之距離，示之如下：

新加坡至香港一、四四五浬	新加坡至廈門一、七五八浬
新加坡至檳城三九五浬	新加坡至馬六甲一一七浬
新加坡至巨港三〇〇浬	新加坡至吧城五二一浬
新加坡至坤甸三四八浬	新加坡至古晉(Kuching)四三五浬
新加坡至納閩六三六浬	新加坡至曼谷八三三浬
新加坡至勿老灣（棉蘭）三六五浬	檳城至勿老灣（棉蘭）一五一浬
檳城至阿魯士打(Alor Star)五二浬	

鐵道　自太平至砵衛之鐵路爲馬來半島中最早建築之路線，時在一八八五年，共長八哩。現在英屬馬來亞中可供運輸行旅之鐵道，約有一二〇〇哩。其鐵道系統計分兩大部：一爲馬來聯邦鐵道（Federated Malay States Railways），一爲東岸鐵道（East Coast Railways）。

馬來聯邦鐵道之幹線，爲自新加坡起至檳城對岸之布萊（Prai）止。惟自大山腳（Bukit Mertajam）起，即在將至布萊之前，此幹線向北伸展，直貫吉打與玻璃市二部，由此折入暹羅境與暹羅鐵道接軌。故吾人如由火車旅行，則可從新加坡直達曼谷。由檳城至曼谷，全程需三十四小時，由新加坡至檳城需二十四小時。

東岸鐵道之幹線，起於柔佛北境之金馬士（Gemas），中經森美蘭、彭亨二部，而至吉蘭丹之道北（Tumpat）止。越吉蘭丹邊境之蘭洮班壤（Rantau Panjang）亦入暹境，與暹羅鐵道接軌。故吾人亦可由此路線自新加坡至曼谷也。茲以此兩大幹線所經之重要車站及支線等，詳示於下：

馬來聯邦鐵道之幹線自新加坡起至檳城止（由布萊輪渡至檳），中經新山（Jahore Bharu）、金馬士、淡邊（Tampin）、芙蓉（Seremban）、吉隆坡、古毛（Kuala Kubu）、打巴路（Tapah Road）

怡保、太平、大山脚，而至布萊。又此幹線自大山脚起，經吉打、玻璃市，而與暹羅鐵道連接，北行卽至曼谷。在暹羅南部之哈尋亥(Haadyai)車站有一暹羅鐵道之支線，南伸入吉蘭丹境。

馬來聯邦鐵道之支線，有下列數條：

淡邊至馬六甲線　芙蓉至波德申線　吉隆坡至巴雙港口線　康諾脫橋（Connaught Bridge Junction）至雪蘭莪港口(Kuala Selangor)線　吉隆坡至石巖(Batu Caves)線　蘇丹街(Sultan Street)至塞拉(Salak South Junction)線　普渡(Pudu)至暗邦(Ampang)線　轟埠(Kuang)至馬登咽底(Batang Berjuntai)線（此支線爲亞令(Batu Arang)煤鑛而築）　打巴至安順線　怡保至端洛(Tronoh)線·太平至砵衛線

東岸鐵道之幹線自金馬士起至道北止，中經馬口(Bahau)、地領(Triang)、淡邊嶺(Tembeling)、瓜剌立比、瓜剌崎麗(Kuala Krai)、丹那某拉(Tanah Merah)、巴剎馬司(Pasir Mas)、古打巴魯(Kota Bharu)，而達道北。

東岸鐵道之支線現有二條：一自馬口起至瓜剌比勝(Kuala Pilah)止；一自巴剎馬司起至蘭洮班襄止。由此與暹羅鐵道銜接。

鐵道輪渡　凡乘客欲至檳城者，須自布萊車站坐輪過海，方可到達。柔佛海峽之間，已於一九二三年築一長隄，故自新山至武特蘭德（Woodlans）無須輪渡。又欲至吉打巴魯者，亦須坐汽船渡過吉蘭丹河，方可登岸。

公路　質堅之紅土，在馬來亞中隨地皆是，花崗岩、滑石等產量亦豐，以此材料，用以築路，自然路基極其堅實，不易損壞。間有用細石與柏油混煮後，鋪於路面者，則平滑如鏡，行旅無顛躓之苦。在新加坡近有用橡皮築路者，惟尚在試驗時期，故不能盡量爲之。馬來亞西部之公路網，早已完成，吾人駕一汽車，即可繞遊西部各處，雖偏僻之區，亦可到達。東部開發較遲，公路網尚未完成，但不數年後，亦當如西部之行旅便利也。凡歐美旅行家之暢遊馬來亞者，均盛稱公路辦理之完美，幾可與德意志相埒。考馬來亞之有公路，始於一八七五年，現在可爲行旅運輸之用者，達三四七三哩。

空路　馬來亞之航空事業，尚未臻發達，現在所有者，不過三線而已。一爲新加坡澳洲線，一爲新加坡倫敦線，一爲屬於荷蘭航空公司之爪哇阿姆斯特丹(Amsterdam)線。此線之停機場，在吉打之首邑阿魯士打。最近更闢一檳城香港線，已於一九三六年之春實行。

電報　共有三種：一爲海底電線，一爲高架電線，一爲無線電。高架電線爲政府所經營，故取費極廉。在馬來亞中任何兩埠之間，每字電費，祇取五分，新由新加坡拍至曼谷之電訊，其取費亦較海底電線爲廉。

集若干條電線，合成電纜，外包橡皮，不使透水。而電線與電線之間，亦須絕對絕緣，以免發生電阻，然後用一特製之輪船，將此電纜敷設於海底，故名海底電線。海底電線，不但如新加坡與檳城間，距離較近之處，可以構通，即遠至東西各國，亦莫不聯絡。吾人常可藉此海底電線，與世界各大城市互通音問，而世界各國發生之政聞事變，吾人能瞬息即知者，亦均賴此電線傳遞之功。惟海底電線取費甚昂，殊不適於一般民衆，大約視距離之遠近，每字自二角起至二元止。（海峽銀元以下準次）

無線電報　自馬可尼（Marconi）發明無線電報以來，通訊之法更爲便利。在昔船行海中，每無法與陸地互通消息。近則可藉無線電之功能，亦能與陸上通訊。在馬來半島中，於一九一四年歐戰發生之時，尚無無線電臺之設，迨至一九一六年，始在新加坡、檳城等處建立電臺，俾與航行於海洋中之輪船戰艦，互通音訊。現無線電事業，已逐漸發展，不但與沙勝越、英屬北婆洲、爪哇、西貢（Saigon）等處，可隨時通訊，即與較遠之國家，亦可藉無線電之效用，以傳遞新聞矣。

電話　馬來亞各大城市，均有電話，概採新式自動機。通話迅速，人民稱便。惟長途電話，逾百哩以上者，雖有多處，然人民尚不知普遍應用，此或因取價較昂，與通話之時間不能過久耳。

第七章 物產

橡皮　馬來半島雖農產、鑛產非常豐富，然要非一工業國家，蓋此項產物之大部份，均輸出口外，目前尚多不能就地製造也。農產物中之最重要而產量最多者，即係橡皮。橡皮是橡樹之產物，其用途甚廣，如膠鞋、雨衣、輪車胎(vehicle tyres)、地毯等等，無一非由橡皮所製成。且此物又爲絕緣電流之佳品，吾人若戴一橡皮手套，握於電線，則斷無觸電之危險。此外如自來水筆之筆管、木梳等物，則係由硫化橡皮所製。

在昔橡樹生於荒山野林之間，以取汁方法之粗劣，常將橡樹割死。此種野生之橡樹，以產於巴西(Brazil)者最多最佳。其產於馬來亞之野生橡樹，與巴西所產者微有不同，特名之曰奇露多(Jelotong)。此樹之內層色白質輕，可製夏季所戴之軟木帽。

橡皮爲工業原料中主要品之一，歐美各國需要甚殷，因此英政府先向巴西蒐集種子，運往倫敦，再轉運至馬來亞，試驗培植。於一八七七年時，新加坡之植物園中已有橡樹苗二十二株，悉心培養，結果成績甚佳。乃鼓勵人民，闢地種植。吾馬六甲華僑陳齊賢氏，首先開種，獲利甚厚。於是羣相仿效，趨之若鶩。現在馬來亞橡樹園之地積，已有二百餘萬英畝，其橡皮之產額，在世界上亦首屈一指。惟以生產過剩，價值大落，於一九〇九年時，橡皮每磅之價，平均爲七先令，至一九三二年時，每磅平均不過值二辨士半，其價額之差，竟達三四倍。目前雖略有轉機，每磅昇至七辨士，有另然欲恢復原狀，爲期恐甚遼遠也。

橡皮之製造　橡樹生長五年，卽可開始取汁。取汁之法，於每日淸晨，用銳利之小刀，於離地約四吋許之樹身上，割一細槽，不久卽有乳白色之液汁（latex）流入於預懸樹旁之小杯中。歷二小時，汁卽停流。割時小刀不可深入樹身，以防汁少樹死。旣割之處，須待其恢復原狀後，方可再割。故以後須循序漸上，周而復始。迨樹齡逾三十年後，當盡行斬伐，重新再種。次集杯中之汁，傾入桶中，送至製造廠內，安置數小時後，汁卽凝固，結成彈性之膠團。若略加醋酸於汁中，則凝結迅速。乃以膠團放入機器中，加以壓力，榨出水分，卽成薄片，於是懸掛於燻室中烘乾之。此烘乾之薄片，稱曰燻片，卽可運往各國，備製各種橡皮用品。

此外尙有縐片（crepe）、碎片、泥條三種。縐片由於壓榨時，輪軸旋轉速率之差異而生，其價略次於燻片。碎片是由凝結於細槽內之殘留液汁所製成，其質不純，售價極低。泥條係遺落於地上之凝固液汁，混有泥土，其值最廉。

錫鑛　次於橡皮之重要實業爲錫鑛。當白色人種未蒞斯土以前，吾華人已從事於錫鑛之開發。在昔英人對於錫鑛之經營，茫然無知，及統治馬來亞後，始加注意。現在馬來亞與荷屬之邦加(Banka)、勿里洞(Billiton)、新及(Singkep)等島，已成爲世界上著名之產錫區域，彼素以產錫著稱之玻里維亞(Bolivia)，反屈居於英屬馬來亞之下。

讀者須知橡樹之種植，在馬來亞中爲比較的新興事業。在此種事業尚未發達以前，錫鑛之經營，實爲馬來聯邦最大之富源。現在用於開採錫鑛之機器，在馬來聯邦中共計有六萬匹馬力，而從事採錫之工人，約有十萬。吾吉隆坡、華僑陸佑，宿稱爲馬來亞錫鑛之大王，蓋彼之事業之隆替，竟能左右雪蘭莪之經濟也。

英屬馬來亞中產錫最富之區，爲在大霹靂之金丹河(Kinta River)流域，與雪蘭莪之巴雙河流域。

錫之採掘　在產錫最富之區域中，於其地面之表層，卽可尋得錫米(Tin ore)卽在較少之區亦從無掘至五〇至一〇〇呎之深者。尋獲錫米之方法，名曰穴鑛(open cast)，卽將鑛田發掘，使與外界接通空氣也。穴鑛之法，最爲一般鑛場所採用，此外雖有別法，惟用者寥寥，故不備述。由鑛中取得之錫米，混有泥土，故須設法將錫米與泥土分開。法用兩端開通之木箱或水槽一具，一端安置略高，乃用水灌入木箱或水槽中，使其川流不息，於是泥土隨水流出，而錫米以性重之故，沈澱於箱槽中。在太平、金丹等處，則常用動水力機，淘取錫米。在端洛以複鑛脈之故，須掘較深之豎井，方可達到採錫之目的。

熔錫　錫米經上述之手續後，計含有百分之七二之錫，尙有百分之二十八，爲其他雜質。故欲得純潔之錫，必須應用化學方法，加以熔解。在馬來亞中較大之熔錫工場有二：一在新加坡附近之布拉尼嶼(Pulou Brani)，一在檳城對面之北海(Butterworth)。至於較小之熔錫場，則概設於產錫區域，其數不少。錫米運人熔錫場後，先通以高度之熱，使其熔解，然後應用化學方法，去其什質，乃注入模型中，卽凝成光澤之錫塊，有形如元寶，有狀如泥甎。此項錫塊卽可運往各國，製成錫板，再由錫板卽可製成各種錫器。錫之需要最多者，爲美國，馬來亞所產之錫，其大部份均銷售於彼邦。

鎢鑛(wolfram)　鎢之來源，產自鎢鑛。此種金屬，可製電燈泡中之細絲，又爲鍊鋼時重要之合金。凡鋼中含有鎢金屬者，質最堅硬，可做鋸銼，可造甲冑，並可製大礮。鎢鑛又爲各種鎢金屬鹽類之來源，此種鎢金屬鹽類，爲染匠之需要品，更有使石膏粉硬化之功，並可使一切織物不易着火之用。當歐戰之時，鎢之消費於軍火製造廠者，其量甚大，現其消費稍形減少。鎢鑛之出產區域，爲在森美蘭、大霹靂、及雪蘭莪三州。

金鑛　在彭亨與大霹靂兩州，曾發見若干金鑛，惟產量極少，每年不到二萬英兩（ounces），故在半島中爲無足重輕之實業。

鐵鑛與錳鑛　馬來亞產鐵錳之區，計有兩處。一在柔佛之峇株巴轄（Batu Pahat），一在丁加奴之甘馬挽（Kemaman），概爲日本人所經營。鐵鑛中計含純鐵百分之六五，錳鑛中含鐵百分之三十，含錳百分之二十二。於一九三〇年時，峇株巴轄出鐵七十萬噸，甘馬挽出鐵七萬五千噸，錳不到五萬噸。

煤田　煤產於雪蘭莪之萬撓（Rawang），近來產額，年有增加。茲以一九一八至一九二一年之產，最示之如下：

一九一八年產一六八、七四〇噸　一九一九年產一九一、二九三噸一九二〇年產二四七九、一七噸　　一九二一年產二九九、三五一噸。

煤產量之半，用於鐵道，餘概用於鑛區，至運輸出口者，於一九二一年時，不過五萬噸而已。

陶土　陶土產於於大霹靂之霧邊(Gopeng)，於此設有一陶土工場，爲馬來亞新興之實業。由陶土所製成之物品，盡銷印度，蓋印度向無陶土之產生也。以前印度人須用之陶器，均來自英國之康威爾(Cornwall)，現則注意於霧邊之產品。陶土爲製紙與紡織工場之必需品，更爲製造各種甎瓦及瓷器之主要原料。除上述各種鑛產外，尚有製玻璃原料之矽，亦爲新近所發見，在新加坡已從事於大規模玻璃之製造矣。

椰子　椰樹之用途，任較別種樹木爲廣。如椰肉可用作各種食料，其最要者，即用以製造咖喱。從椰肉榨出之椰油，馬來人或印度人均用以佐饍，或用爲化粧品，或用以點燈。椰實中包之椰漿，爲清涼可口之飲料劑。椰肉之乾製者曰椰乾(copra)，大量運銷歐洲，爲製皂之重要原料。椰樹頂間之嫩苗，亦可佐膳，味似菜蔬，用鹽醃之，其味更佳。樹皮間之黏汁，用火蒸發，去其水分，即成美味之椰糖。椰葉可爲柵欄，椰幹可爲橋樑，椰實之內殼極其堅硬，可用以杓水。其外殼之形如纖維者，可爲墊褥，或爲繩索。椰殼經彫刻後，可爲各種裝飾品。

椰乾　以鋒利之小刃，用靈敏之手腕，將椰實之外殼剝去，然後擊破內殼，曝晒於太陽之下，迨其乾後，則椰肉與內殼自然分離，此晒乾之椰肉，卽名椰乾，內含油量甚豐，爲製皂之重要原料。據一九二二年之統計，在英屬馬來亞中有橡樹園二、一一八、〇〇〇英畝，稻田有六三五、〇〇〇英畝，椰子園有二四八、〇〇〇英畝。

米　馬來亞產米最多之地，爲在大霹靂之高煙區(Krian District)。政府特於墨剌山(Bu-krit Merah)附近，設置一大蓄水池，以節蓄古勞(Kurau)與墨剌兩河之水，量池廣約十方哩，當雨量缺乏之時，得應用此水池之水，以灌溉附近之稻田。此外於威斯來、馬六甲兩地，亦有稻田若干。惟馬來亞所產之米量，殊不足供給當地居民之需要，於一九二〇年時，曾發生民食嚴重之恐慌。近以橡皮事業之衰落，與前任總督金文泰(Cecil Clementi)之極端鼓勵，遂有逐漸推廣種稻之趨勢。

馬來亞中從事於種稻之工作者，多係華人。故播種插秧與碾米等方法，均與吾國無異。惟稻自播種起至結實止，爲時不過六月，馬來亞以氣候關係，故稻常一年兩熟，此則與吾國產米之區，稍有不同者也。

碩莪粉(Tapioca)　碩莪粉爲一種澱粉質食物，由碩莪之根所製成。其製法先將此植物之根，放於有水之坑中，用機器搗碎之，於是根中之澱粉質漸沉着於坑底，迨根之外皮在坑中發生腐爛，用水漂去後，卽得純潔之澱粉質。次將澱粉質放入布內，由兩人對立而篩之，卽得粒狀之碩莪粉。其無用之殘渣，可以飼猪。惟耕種碩莪之土地，經三、四次之收穫後，其地卽成磽瘠，不宜種植，故吾人在馬來亞中常可見荒棄之土地。此種荒地，每滿生刺人手足之野草，高可及胸，在天氣亢燥之時，此種野草易於着火。由火燒之結果，可使叢莽不再滋生，越相當時期後，又可種植各種植物。

西穀米(Sago)　西穀米亦爲澱粉質食物，與碩莪粉類似，卽其製法亦甚相同，爲西穀棕之產物。當西穀棕生長達六、七年後，可將此植物之莖用刀砍倒，卽見莖之內部，含有一種柔輭之澱粉物質，於是用法割取，浸於坑中，迨漂去腐爛之木質纖維狀物後，卽得西穀米矣。西穀米和糖煮食，味尙可口，近江浙等省常用爲菜餚，以享佳客。

甘蜜(Gambier)　甘蜜是屬於灌木之一種植物，其高約有六呎至八呎，葉須時時裁剪，俾易生長。其剪下之葉，放入大釜中煮之，則可抽出一種褐色之膠狀物，卽曰甘蜜，爲染革之主要原料，兼可充作藥材，土人則常與檳榔混合而咀嚼之。

咖啡　咖啡是由咖啡樹之子所做成。繁殖於馬來半島者，種類不少。五十餘年前，咖啡樹之種植區域本甚廣大，後以橡皮事業之勃興，遂均改種橡樹，近因橡皮生產過剩，價值日落，於是對於咖啡之栽培，又引人注意。咖啡樹雖有專闢園田另行種植，然大概附植於橡樹園或椰林之間。樹之高度，約自六呎起至二十呎止，開美麗芳香之白花，其所結之子，係青褐色，大如石丸。成熟之子，由樹採下後，須愼曬於日光之下，次以曬過之子，用文火炒熟後，納於磨中，磨成粉末，即係咖啡。

木材　馬來亞爲一森林之國，沿途所見，盡是綠林。故木材產量之豐富，不言可知。凡樹木一經斬伐，截去樹枝後，每二十株爲一束，編成木簰，浮於水面，送入鋸木工場中，加以鋸解。在新加坡之加冷(Kallang)區域內，鋸木工場爲數極多，其規模較大者，概用引擎，小規模者，則用人力。因馬來亞木材之產量豐富異常，故造船、建築等事業，亦均隨之而發達。舉凡一切傢具用品，亦概以當地所產之木材爲之。

最有用之木材，約有二十種：即烏木、紫檀、蘇木、樟樹、麻栗、半丹果(Bintangor)(學名 Calophyllum Spp. 爲馬來人造船用之主要木材)的蓬蘇(Tembusu)(學名 Fagraea Spp. 此木性能耐久，馬來人用作棺木，)杷欒(Balau)、旦馬樂(damar laut)(以上二種係黑色之木材，屬 Shorea Spp.）陳蒿爾(Chengal)（學名 Balanocarpus maximus）、克孟檸(Kemuning)、（學名 Murraya Spp.）克蘭棋(Keranji)（學名 Dialium Spp.）杷枯(Bakau)、麥蘭蒂(Meranti)以上三種爲紅色之木材，屬 Shorea Spp.）、麥枹(Merbau)(學名 Intsia Spp.)、棲拉椰(Seraya)（學名 Casuarina equisetifolia）、丹必梶(Tempinis)（學名 Sloetia Spp.）、古林(Kulim)（學名 Scorodcorpus borneensis）等。至於婆羅州所產之鐵木(bilion)，則在馬來亞從未發見。

藤　藤之產量，亦極豐富。通常用以製造茶几睡椅等。世人稱美之馬六甲手杖（Malacca cane），亦由藤製。藤之大部份，均運銷於英美兩國。

森林之保留(Forest Reserves)　木材爲國家財富之一，不可任意斬伐，以損利益。故在馬來亞中，有極多之大森林，歸政府所保留，政府更設若干官吏以監守之。凡人民之未得政府許可，任意斬伐樹木，或縱火焚毀，或損害森林中之其他出產者，均須嚴辦。考森林之保護，本係國家主要責任之一，如是不但可免有價值木材之浪費，且因森林周圍之土地，得樹木之蔭蔽，使泥土中含水量非常豐富，便於種植。在昔馬來亞對於此種事業，未加注意，由此所得之結果：以氣溫之酷熱，雨量之稀少，而土地之豐沃，亦因此大減。吾國對於森林之保留，亦鮮注意，致童山濯濯，旱災頻行。故欲一國之消滅此種災患，非於童山荒僻之區，遍植樹木不可。此種方法，特名曰森林之再生（Reforestation）。

機械工業　以輪船往來之頻繁，製造廠、鋸木廠、礦場、鐵路等之衆多，故不得不有機器工廠之設立。較大之機器工廠，概設於新加坡、檳城、吉隆坡三處，較小者各埠均有。此等機器廠所經營之事業，大概爲裝置、修理與器械之補充等等。至於製造大部機器之能力，在馬來亞尚不可能。此等機器工廠，又從事於鋼骨房屋之營造，與鋼鐵橋樑之建立。

在新加坡有一船塢，可容納最大之郵船，加以修理。此船塢名曰皇家船塢，建於一九一三年，計長八九四呎，闊一〇〇呎，深三四呎，實爲蘇彝士運河以東之最大船塢也。此外如電車廠、自來水廠及電力廠等，亦均備有極大之引擎。

土人之手工業　土人工藝極不發達，惟以頗饒興趣，故亦有一述之價值。

編物　馬六甲附近產蒲甚多，土人用蒲編成蒲箱，由大至小合成一套。此箱用以安放衣服雜物，頗爲適宜，外人以其價廉物美，故多爭購。馬來土人更將細蒲染以顏色，編成婦女用之錢袋，式樣玲瓏，外觀更美。彼等又能將竹片削成細絲，編成籃筐，可爲婦女安放針線之用。

織物　彭亨、丁加奴與吉蘭丹之婦女，善用絲線或棉線，織成花紋美麗之沙籠(sarong)。

金屬製品　丁加奴為製造銅器、鐵礮與鋼刀等最著名之地，其製造銅器之方法，嚴守祕密。

金匠　土人婦女性喜裝飾，腳環、手鐲、項圈等物，多愛穿戴。金戒之類，不但戴於手指，兼且戴於腳趾。以致首飾之店，比比皆是。吾人由此可以推知此地之風俗，雅不願以有用之金錢，投入銀行或其他之生產事業，而樂用之於無謂之裝飾品也。

漁業　馬來亞三面環海，故水產物極其豐富，以前從事於漁業者，概為華人與土人，今則逐漸轉移於日人之手。現馬來亞從事於漁業之人，約有五萬，彼等所捕之魚，或用鹽漬，或以鮮貨銷行市上。

第八章　馬來亞簡史

關於馬來亞地理方面之梗概，已如上述，今當略檢其已往之事跡，備讀者之參考。馬來亞有完備之歷史，爲期甚暫，遠不如中國、印度、或英國之攸久，而有二千年至四千年以上之史蹟，可供探討也。歐洲人最早侵入馬來亞者爲葡萄牙之佔據馬六甲，時在一五一一年，卽在哥倫布發見美洲後之十九年。而英人拉愛德 (Francis Light) 之獲得檳城，則在美國獨立前之十年。惟自百年前英國開闢新加坡後，馬來亞始有詳細之歷史可資稽考。

於七世紀時，在蘇門答臘之南部，有所謂巨港國 (Palembang) 者，爲印度之佛教徒所建設，其時國勢甚盛，軍財並茂，嘗征服蘇門答臘中部之西克河及金巴河流域各地。九世紀時，更征服吉打，其時統治巨港國之君主，亦自稱曰皇。趙汝适（宋理宗時人）於一二五〇年所著之諸蕃誌一書中，謂吉打、丁加奴、吉蘭丹與錫蘭等地，當時亦均在巨港王國統治之下。後此不久，王國國勢稍替，馬來亞半島北部之土地，盡被暹羅李格省 (Ligor) 酋長所奪。然半島之南部，仍繼續統治。迨至一三七七年，此王國之殖民地新加坡，亦爲爪哇佛教徒所建設之馬奇八歇國（Majapahit）所奪，半島南部，遂亦易主。自後數十年，馬奇八歇國之勢力，竟達馬來羣島之全部。然距新加坡滅亡後之百餘年，此佛教王國，亦爲爪哇之回教王國所覆滅。

當新加坡被滅於馬奇八歇國後，所有馬來人民，均逃避至馬六甲，建立馬六甲國。於一五一一年，葡萄牙人阿伯奎(Albuquerque) 藉華人之助，征服馬六甲時，該地已成爲馬來半島商業之重心。於是葡人在馬六甲河南岸之升旗山上及聖約翰山上，各建礮臺，用以攻守，此礮臺之遺跡，及葡萄牙之教堂，至今猶有存焉。惟自檳榔嶼與新加坡開闢以後，馬六甲頓失重要。蓋此地實非一天然之海口，且海水甚淺，使航行歐亞間之大郵船，無法停泊。

考英國東印度公司所經營印度以東之殖民地，其始不在馬來半島，而反以蘇門答臘西岸之萬古侖（Bencoolen）爲其殖民地之中心。

英國著名之航海家曰德雷克(Drake)者，於一五八〇年時，曾航行至馬六甲海峽。大佐頭開詩忒（Lancaster）率小船三艘，歷兩月時期，於一五九一年時，亦親履檳城。然英人在馬來亞獲得永久之殖民地，實始於大佐拉愛德，彼於一七七一年十一月二十五日曾上書印度麻打拉斯總督，痛陳檳榔嶼地位之重要，與港口之優良，倘將此地佔爲己有，可發展英國對華之商業。彼經十五年之努力奮鬬，始由吉打蘇丹之允許，獲得檳榔嶼之讓與。彼乃高舉英國之旂，飄揚於此風景秀麗之島上，並定島名曰威爾斯太子島，時在一七八六年也。

於一六四一年時，荷蘭人已將葡萄牙人逐出於馬六甲之外，並在爪哇蘇門答臘兩島，獲得堅固之殖民地。故在十七、八世紀之時，英荷兩國對於獨佔馬來半島之野心，競爭非常劇烈。

一七九五年，英人又自荷蘭人手中奪獲馬六甲，其時英人視馬六甲地位之重要，勝於檳榔嶼。然不數年後，卽感此見解之不確，遂將馬六甲礮臺悉加摧毀，不再視爲重要之根據地。雖其時在馬六甲市內之居民，固有二萬人以上之多也。

一八一一年，閔都(Minto)爵士率一艦隊，自馬六甲出征爪哇。於是爪哇島被英人所佔有者，歷五年之久，雷佛士(Stamford Raffles)卽爲該島之長官。迨至一八一六年，以英荷條約之訂立，仍將爪哇歸還荷蘭。

雷佛士具精銳之目光，遠大之識見，認英國若不能獲得比萬古侖較好之根據地，則英國在馬來羣島中，決不能有偉大之成就。彼遂於一八一九年得柔佛蘇丹之允許，佔領在世界上現具重要性之新加坡焉。在當時，新加坡祇爲馬來漁民所宅居，開闢至今，爲時不過百有餘年，而居民之數，已增至五十餘萬，且目前無論在軍事方面，商業方面，在世界上亦已居領導地位之一。

一八六七年以前，海峽殖民地爲印度政府所兼管，同年始脫離印度政府，成爲皇家殖民地（Crown Colony），歸英國直轄。至其行政之組織，將於第十章中敍述之。

以下所述，爲屬於馬來亞歷史上重要之條約：

一七八六年，拉愛德與吉打、蘇丹訂立條約，以檳榔嶼割讓與英國。

一七九八年，以勦滅海盜爲理由，自吉打、蘇丹處獲得威斯來區。

一八一九年，甯佛士與柔佛之天猛公（Temenggong）（蘇丹所委之攝政官）訂立條約，以新加坡割讓與英國。

一八二六年，將大霹靂屬之天定區割讓與東印度公司。

一八六七年，海峽殖民地脫離印度政府之管理，成爲皇家殖民地。

一九〇〇年，將聖誕島（Christmas Island）隸屬於海峽殖民地，而爲新加坡之一區。

一九〇三年，將可可羣島（Cocos）或稱吉靈羣島（Keeling Islands），者隸屬於海峽殖民地，而爲新加坡之一區。考此羣島早屬於英國。

一九〇七年，將納閩島附屬於海峽殖民地，而爲新加坡之一區。但至一九一二年，仍脫離新加坡，而爲海峽殖民地中獨立之一部。

當一九一四年歐戰發生之時，馬來亞在英國殖民地中，最稱平安富庶。除下述二事外，幾不受歐戰些微之影響：（一）爲德國巡洋艦恩登號（Emden）於一九一五年時侵入檳榔嶼海口，結果擊沉俄國之巡洋艦一，與法國之水雷驅逐艦一。但爲時未幾，此恩登號即被澳洲之巡洋艦悉德尼（Sydney）擊沉於可可羣島之附近。（二）於一九一五年之二月，駐紮於新加坡之第五隊印度步兵發生兵變。結果英人之被變兵槍殺者，約有四十人。然此等偶發之事件，實不足代表馬來亞之發生戰爭。惟馬來亞究爲英帝國之一員，故不得不徵兵遣將，效命疆場。計前後參加歐戰者，共有二、五〇〇人，死於沙場者有三五三人。今聳峙於新加坡海濱之石塔，即此等戰死將士之紀念碑也。馬來聯邦各部巫長，更合造一戰艦，曰馬來亞者，獻於英國。柔佛、蘇丹則獻呈飛機一隊。並因歐戰而所募集之公債，亦達數千萬元。故英屬馬來亞之人民，其眷戀於英帝國者，可謂至矣。

一九二二年，因歡迎英太子威爾斯（即英國今皇愛德華八世）之蒞臨，於新加坡開一馬婆展覽會(Malaya- Borneo Exhibition)，參觀者達三十萬人。一九三二年以新加坡新車站之落成，即於新建之車站上開一盛大之製造品展覽會，參觀者亦達數十萬人。惟馬來亞自一九二〇年以來，以主要物產之價格跌落，人民已不若昔日之安居樂業。近更因世界不景氣之來臨，工商事業更無進步，一切土產之價值，亦難恢復原狀，人民生計尤感窮蹙。英政府遂趁此機會，於一九三三年一月起，徵收居留稅，以限制移民之入境。

第九章　雷佛士小傳

雷佛士爲新加坡之開闢者，且係英屬馬來亞之創始人也。彼生於航行於西印度羣島之海上，以其祖先世居於英格蘭之約克郡（Yorkshire），故爲約克羣人矣。彼年十四，即充倫敦東印度總公司之書記，至二十四歲被派至檳城，任該地長官之助理秘書，時在一八〇五年也。彼在檳城頗專心於馬來語文之研究，故居檳二年以後，即擢升爲政府之繙譯官。

在昔檳榔嶼本歸孟加拉政府管理，而雷佛士遂成孟加拉總督閔都之密友，由彼等之友誼，遂肇英國統治馬來亞之端倪。閔都爵士受雷佛士之慫恿，竟使英政府放棄經營馬六甲，爲商業中心之決心。於一八一一年，雷佛士隨閔都爵士遠征爪哇，結果將爪哇征服，隨即委任雷佛士爲爪哇島之長官，服務計達四年，其時雷佛士纔三十歲耳。雷佛士夫人即於此時病歿於爪哇，其遺骸葬於茂物（Buitenzorg）之植物園中。雷佛士既遭悼亡之痛，心灰已極，且因英荷兩國締結維也納條約（Treaty of Vienna）之結果，將爪哇島重歸荷蘭，心更不懌。同時以在熱帶區域奮鬬達十一年之久，身體精神均極疲憊，遂於一八一六年，雷佛士乃遄返英格蘭矣。

翌年彼重返遠東而爲蘇門答臘西岸之萬古侖之長官。惟彼深知灼見，英國若欲建立其勢力於此世界之一隅，則萬古侖實不足有爲。因於一八一九年之正月，率戰艦四艘，航行至新加坡海口，彼用銳敏之觀察，認新加坡之地位，於將來發展英國之勢力，極有希望，故立卽決定佔爲己有，時在一八一九年正月二十九日，卽雷佛士履新之次日也。後此不久，卽與柔佛之天猛公訂結條約，以新加坡島割讓與英國。

雷佛士治理新加坡計有四年，在此四年中，彼已奠定新加坡繁榮之基礎，與馬來亞健全政府之組織矣。彼於一八二四年，離新加坡再至萬古侖，摒擋一切，歸航祖國。當彼所乘之船，離萬古侖未滿一日，忽告失火，於是彼所珍藏之記錄文稿，與搜集之動植物標本，盡付一炬。彼抵英格蘭一年後，卽與世長逝，葬於彌德爾克斯（Middlesex）之漢登（Hendon）教堂中。此一世之英雄，其坟墓淹沒於荒草之間，而爲不爲世人所注意者，達九十年之久。迨至一九一四年，始引起世人之注意矣。

今新加坡維多利亞紀念堂前之廣場上，有直立之銅像矣，卽開闢馬來亞之雷佛士也。彼不但精通馬來語文，更於從政之餘，喜集生物標本。彼在任時期，對於教育事業，盡力提倡，惟彼之偉大之人格，向不爲同時之官吏所注意。直新加坡成爲歐亞交通之樞紐，與軍事上之要衝以來，始知萊佛士者，亦爲創造英帝國偉大人物之一矣。

二　海峽殖民地

第十章　海峽殖民地總論

海峽殖民地係合三主要部份與一次要部份而成。其主要部份：曰新加坡、曰檳榔嶼、曰馬六甲。聖誕島與可可斯島，則隸於新加坡，威斯來與天定，則屬於檳榔嶼。其次要部份曰納閩島 (Island of Labuan)。

歷史　關於海峽殖民地初期之歷史，已略述於第八章中。馬六甲為歐洲人最古之殖民地，已於一五一一年時，為葡萄牙人所佔據。至英人在馬來半島中所得之殖民地，則當以檳榔嶼為最早，此島於一七八六年時，為拉愛德所開闢。新加坡於一八一九年為雷佛士所佔有，以其位當要衝，已成為海峽殖民地中最主要之一部。

威斯來在檳榔嶼對過，為一位於大陸之狹長土地。於一百年前由吉打、蘇丹之允許，割讓與英國。天定亦爲一狹長之土地，在威斯來之南，英人以勦滅海盜爲理由自大霹靂劃歸檳城。

可可羣島本屬錫蘭(Ceylon)管理，至一九〇三年始併入海峽殖民地而爲新加坡之一部，聖誕島於一九〇〇年亦劃歸新加坡。納閩島雖於一九〇七年合併於新加坡但現仍爲海峽殖民地獨立之一部。

面積　海峽殖民地之總面積，計爲一、六〇〇平方哩。

人口　據一九三一年之調查，海峽殖民地共有居民一、一一二、八五〇人由下列之各種民族所構成。計：

華人六六四、〇一八人　馬來人　二八三、九九六人　印度人一三二、七三七人

歐洲人一〇、〇四〇人　歐亞混血人一一、四四〇人　其他　一〇、六一九人

此等民族之住居於新加坡島者，計有五五六、一五九人。在納閩者有七九八〇人。在聖誕島者有一、〇六〇人。在可可羣島者有一、二〇〇人，合計之有五六六、三九九人，統稱爲新加坡之總人口。住居於檳榔嶼者有一九〇、三五七人。在威斯來者有一五五、〇〇〇人。在天定者有一四、四〇〇人。合計之有三五九、七五七人，統稱爲檳榔嶼之總人口。住居於馬六甲者，計有一八六、六九四人。

政府 海峽殖民地爲英國皇家殖民地之一，故總督由英皇所委任。下列各組織，爲協助總督處理政務之重要機關：

行政會議(Executive council) 行政會議係由七位官吏議員，與兩位非官吏議員所組成，總督爲行政會議時之當然主席。此七位官吏議員爲軍務總監、輔政司、檳城駐劄參事官、檢察長、財務長、馬六甲駐劄參事官與工務長等。

立法會議(Legislative council) 立法會議係由十三位官吏議員，與十三位非官吏議員所組成，總督亦爲立法會議時之當然主席。此十三位非官吏議員之分配如下：計歐洲民族之代表，爲新加坡、檳城與馬六甲各一人，共計三人。新加坡與檳城之西人總商會之代表各一人。馬來民族之代表一人。華人之代表，爲新加坡、檳城、與馬六甲各一人，共計三人。歐亞混血種之代表一人。英屬印度民族之代表三人。此會議之組織，似不健全，凡政府意欲實施之案，從無否決，而人民反對之案，亦每易通過。

上述兩會議所議決之案件，雖不能直接施行於馬來聯邦與馬來屬邦，然海峽殖民地之總督，兼充馬來各邦之總監，故凡議決案之含有重要性者，亦必能施行於馬來各邦。凡服務於行政機關中之官吏，其升遷情形全依文官制度辦理，即自候補員起，而依次遞升也。此種文官制度，通行於馬來亞之全部。

此外尚有華人顧問部 (Chinese Advisory Boards)，則與華民政務司合作，以保護華人之利益。而印度回教徒、西克教徒與印度教徒之顧問部，則常將此等教徒所發生之事件，報告政府聽候解決。

法庭(The Courts)　法庭爲施行民法與刑法之機關，在海峽殖民地中，計有最高法院、地方法院、違警裁判所、與驗屍庭等四種。

海峽殖民地之法律，即係一八二六年十一月二十六日通行於英格蘭之法律。其有不合本地民情，應當變更者，則須經立法會議之通過，得英皇之批准後，方可修改。至於商法，則完全與施行於英格蘭者相同。

海峽殖民地之法律，兼施行於納閩島、可可羣島、與聖誕島，如有例外，則由立法會議通過後修改之。最高法院之刑事裁判權，範圍甚廣，如發生於渤泥(Brunei)之死刑案件，亦曾接受審理。此外更接受關於民事與刑事上之上訴裁判等。

最高法院係由院長一人與陪席審判官三、五人合組而成，彼之職務，為接受民刑事之根本裁判，與民刑事之上訴裁判。在新加坡與檳榔嶼每兩個月舉行巡回裁判一次，在馬六甲則三個月舉行一次。上訴法庭係由最高法院中之三法官所主持，在新加坡與檳城各輪流開庭半年。凡不服地方法院之法官所判決之民事案件，提起上訴時，則由最高法院中之兩法官主持審判。凡不服違警裁判所所判決之案件提起上訴時，則由最高法院中之一法官主持審判。凡不服上訴法庭所判決之案件，如再欲控告，則可至倫敦，向樞密院提起上訴。

關於地方法院之民事裁判，係由主審判官或副審判官所主持。主審判官得處理五百元以內之案件，而副審判官則祇能審理一百元以內之案件。如關於土地所有權之糾紛，其案情雖在五百元以內，但地方法院仍無裁判之權。

關於地方法院之刑事裁判，亦由主審判官所主持，彼之權力，不能審理超過二年以上監禁之案件，與不能超過五百元以上罰金之案件。違警裁判所由判事主持審問，彼之裁判權，祇限於六個月以內之監禁，或一百元以內之罰金之案件。

驗屍庭由驗屍官所主持，彼之權力為詳審冤死之案件。彼於開庭審問之時，可置陪審官或不置陪審官。

凡經法庭上定讞之案件，往往以輔政司所出之拘票，可由法警將已釋之罪人押送獄中，監禁一二星期後，驅逐出境。吾華人特稱此種辦法曰二王花，以輔政司之地位，僅次於總督也。

市區　新加坡、檳榔嶼、與馬六甲，以地位重要，居民稠密，故特設三市區，由總督指定之委員以處理市政。而商會之主席，與當地之聞人，經總督考慮，認為適宜後，亦得充市政府之委員。

在三市區以外之居留地，為便於實施行政事務起見，更分為若干區，區再分為鄉。

軍備　在新加坡駐有軍隊一師團，其中包含英國步兵一大隊，工兵一大隊，礮兵一大隊，與其他之馬隊、輜重隊等。

除上述之正常軍隊外，於新加坡、檳城、馬六甲三處，更有義勇軍之組織。吾華人中之峇峇人參加義勇軍者，為數最多。此外在各殖民地中，又有訓練嚴密之警察隊，以維持各地之治安。

新加坡海口防禦之工程，本極堅固，於十年以前，更有建築大規模軍港之議，中因英國工黨之反對，時作時輟。近以遠東風雲日趨險惡，於是對於軍港之建築，迫切進行，再二、三年後，即可完成應用。

賦稅　欲使一國之政務暢行無阻，須全恃國庫之充盈。世界上有若干國家，爲欲充實國庫，與防外貨之傾銷起見，對於進口貨物概須徵稅。惟海峽殖民地向爲自由口岸，故除雅片、煙酒等外，其他貨物例不徵收入口稅。茲以一九三〇年海峽殖民地之歲入條舉於後，以備參考。

碼頭稅	二、五二九元	雅片稅	八、八三〇、二六〇元	酒稅	三、[illegible]〇六、六五五元
捲煙稅	四、一五四、一二四元	印花稅	一、九一九、七一七元	牌照捐	二、七六五、六六五元
法庭罰款等	一、二〇九、八二〇元	郵政電報	二、三〇一、二三一元	國有產業稅	一、八三三、一九六元
利息	三、四八八、九九五元	地稅	七九四、〇二三元	其他	一、二〇二、〇八八元
以上總計共爲三二、四〇八、三〇五元					

自一九二八至一九三〇之三年間，平均每年之歲入爲三五、四六〇、〇〇〇元，每年之歲出爲三六、六五〇、〇〇〇元，其每年不敷之數，則在盈餘款項內提出補足。考海峽殖民地至一九三〇年止，其國庫之盈餘已達七二、四〇〇、〇〇〇元，故此區區缺少之行政費用實極易補充也。歲出之費，概用於官吏之俸給，軍隊警察之餉糈，與醫藥、教育及其他之公共事業等。

幣制　海峽殖民地所通用之紙幣，概由叻（新加坡）、嶼（檳城）、呷（馬六甲）國庫銀行所發行。此項紙幣除兼能通用於馬來各邦外，並於英屬北婆羅洲與沙勝越等處，亦一律通用。荷屬廖內以鄰近新加坡之故，亦通用此種紙幣。其幣制一元以上概係紙幣，一元以下則爲銀質與銅質之輔幣。

教育　海峽殖民地之英文教育，尚稱發達，其程度自幼稚園起至大學止。凡學生之能獲得劍橋高級中學畢業證書(Cambridge school certificate)者，常引以爲榮。英文學校，約分兩種，一全由政府設立，如檳城義學及萊佛士中學等。一由基督教會設立，而得政府之補助者，如聖芳濟學校及英華學校等。英政府更另備經費，設置若干馬來學校，以馬來語文，教授馬來子弟。凡政府設立之馬來學校，概免學費。

海峽殖民地之華僑教育，極爲發達，凡華僑所到之處，幾均有華校之設立，其程度自幼稚園起至高中止。其經費之來源，除得政府極少之補助費外，概出於熱心華商之捐助。教授小學，一律用國語，至中學則兼用英語。英政府以華僑學校數量之發達，遂於華民政務司署中，設置一華文副提學司 (Assistant Director for Chinese Education) 及華人視學員數人，專理華僑教育上一切事務。

物產 海峽殖民地面積不廣，且爲貨物集散之市場，故土產極少。設吾人一查從新加坡與檳城之出口貨物單，則屬於海峽殖民地所製造或出產之物品，直如鳳毛麟角。蓋此殖民地者，不啻一貨物再出口之市場也。至其主要之土產，可得而言者，約有左列數種：

米產於威斯來與馬六甲兩部，除大關靂屬之高煙區外，此兩部可爲馬來亞產米最富之區。

橡皮、鳳梨與椰子亦有出產，而於大城市之附近，則蔬菜園藝之種植，非常發達。鑛產幾完全缺乏，惟在新加坡殖民地中，則有從事於採石之工作。

工業 海峽殖民地之工業，計有煉錫廠、鋸木廠、機器廠、製革工廠及造船廠等。

入口貨 從別國輸入之貨物，爲數極巨。此項入口貨，再由海峽殖民地運往坿近各島及馬來半島之其他各埠。其主要之入口貨，爲米、棉織物、罐頭食品、煤、雅片、捲煙、酒、鐵器、糖及牲畜等。而橡皮與錫，則爲再出口之貨物。

出口貨 從新加坡與檳城之出口貨，不但包含海峽殖民地中少數之物產，卽馬來各邦與馬來羣島之物產，亦概運至新加坡與檳城後，再輸往各國。故其出口貨物，幾可括全馬來亞之物產，或重要之製造品。

海峽殖民地之主要出口貨，爲橡皮與錫。次爲椰乾、籐、獸皮、乾魚、罐詰鳳梨、與碩莪粉等。而糖、捲煙、與棉織物等，則爲再出口之貨物。

交通　海峽殖民地係由若干島嶼與沿海之三地所合成，故海上交通極形便利。而新加坡、馬六甲、威斯來與檳城四部，又有馬來聯邦鐵道互相連接，已述於第六章中。此外在市區範圍以外，計有石屑公路五八〇哩，柏油公路一六五哩，故其陸上之交通，亦便捷無比。

星洲與檳城間之距離，若依鐵路則有四八九哩，計二十四小時可達。若循海道，則爲三五九浬（等於四五五哩），通常約二十八小時至三十二小時可達。若緣公路而行；則十餘小時即可到達。

商業　新加坡爲世界上主要海口之一，其地位僅次於紐約、倫敦、安凡爾（Antwerp）、利物浦、馬賽、上海、横檳、漢堡等，據一九三〇年之統計，往來新加坡輪船之總噸量，爲三三、五八三、七〇三噸。則其商務之繁盛，可想而知。

第十一章　新加坡

新加坡為一小島，位於馬來半島之南端，中隔柔佛海峽，或稱德勃勞海峽（Selap Tebrau）峽闊約四分之三哩。萊佛士正式佔據此島之時期為一八一九年之二月五日，彼任新加坡之長官至一八二三年止。繼萊佛士者，為克洛福特（John Crawfurd），彼為馬來文字典與馬來文法之著作者，而東印度羣島之歷史（History of the Indian Archipelago）一書，亦為克氏之名著，彼任職至一八二六年止。是年起，將新加坡、檳城與馬六甲合組一政府，而以檳城為其首都，歸麻打拉斯管理。四年後，此殖民地之管轄權，從麻打拉斯轉移至加爾各答。總之，在此時期中所謂海峽殖民地者，完全在東印度公司支配之下。自一八五七——八年印度兵變（Indian mutiny）發生以後，始得英皇之批准，於一八六七年成為直轄之皇家殖民地。

面積　新加坡島之面積為二一七平方哩，其最長之處有二十七哩，最闊之處達十四哩。

新加坡市在新加坡島之南部，距赤道約九〇哩（七六浬），適位於北緯一度十七分與東經一〇三度五〇分之間，其時差比格林維區(Greenwich)恰早七小時，比上海遲四十分鐘。

境域　新加坡島之北與西以柔佛海峽爲界東以柔佛河口(Kuala Johore)爲界南以新加坡海峽爲界。

氣候　新加坡雖地鄰赤道，位處熱帶惟以四面環水，海風不息，故其氣溫之高，濕度之大，斷不如吾人想像之甚。其溫度約自華氏七〇度起至八五度止，平均溫度爲八一度，在一九三〇年時，曾有九三度之記錄。至雨季與乾季實無顯明之區別。其雨量平均每年約爲七七吋。季候風雖準時而至，但並不劇烈，大概自四月至九月爲西南風，十月至二月爲東北風。

人口　據一九三一年之調查，住居於新加坡島之人民達五五六、一五九人，其住居於市區內者，爲四四五、七七八人。在此總人口中，華人佔四一八、九五〇人，馬來人佔七二、〇〇〇人，印度人佔五二、八〇九人，歐洲人與歐亞混血人佔一二、四〇〇人。

政府　新加坡爲海峽殖民地之首都，故其政府卽建設於此，至殖民政府之組織方法，已詳第十章中。

市政　殖民政府之一切高級行政機關，均設立於市區之內，在市區以內之面積，悉歸市政委員會管理。市政委員會得徵收地稅、建築捐、教育稅、各種牌照稅，如小販執照、車輛執照等。此外對於電燈、自來水、及煤汽等，亦徵收相當之費用。

市政委員會每年經常之歲出，爲公務人員之俸給、與道路、溝渠、路燈、及自來水之修理裝置，而救火局、警察局、衞生局、及菜市場等，亦歸市政委員會給資維持。

警察隊受殖民政府節制，不過警察之費用，歸市政委員會負責。

救火局中所備之救火車，係最新式者，惟在新加坡巨大之火警極少發生。

市政委員會更設醫院若干，以納病人。醫院中之最大者曰政府總醫院(General Hospital)，設備完美，取費極廉，對於貧病之人，醫費全免。現新加坡已成爲世界上著名清潔城市之一，凡一切熱帶疾病如鼠疫、虎列剌、與天花等，在別處位近熱帶之城市，常常流行者，在新加坡則絕少發見。據一九三〇年之調查，在新加坡之歐洲人，其死亡率每千人中祇估六·五六而已。

領事館　凡世界上重要之國家，在新加坡均設有領事館。領事館之主要職務，爲保護自國僑民之利益，與謀自國商務之發展。吾國領事館，設在新加坡之羅濱孫路(Robinson Road)與日本街(Japan Street)附近，其主要之業務，則爲護照之發給。蓋華人之在馬來亞者，數達一百七十餘萬人，其中來往於荷屬東印度羣島、法屬越南或暹羅等處者，數極不少，而欲往此等國家，則非備護照不能入口。

海口　新加坡之成爲重要，卽緣於海口建設之優良。外海口幾全由陸地之連鎖，得船泊平穩，可免風浪襲擊之虞。內海口可容納較小之輪船，待在水平如鏡之中起卸貨物。蓋在內海口建有一極長之防波堤，可阻止由東北季候風所欣起之巨浪之襲擊。

除上述之外海口與內海口外，另有所謂克伯爾海口(Keppel Harbour)者，係一介於新加坡與勃拉尼嶼及勃拉更麥廸島(Pulau Blakang Mati)間濬深之海道。新加坡港務局所屬之碼頭，卽沿此海道而建於新加坡市之一面，長約二哩，可泊大郵船無數。此港務局所屬之碼頭，總稱曰丹絨巴葛(Tanjong Pagar)，若就個別言之，則有東碼頭、起重碼頭、大碼頭、帝國船塢、西碼頭(或稱婆羅洲碼頭)與渣甸碼頭(Tardinés Wharf)等。再西則爲大英郵船公司碼頭，及海底電線公司碼頭。

在新加坡有乾船塢三所，其中之一名皐家船塢(King's Dock)者，爲在蘇彝士運河以東最大之船塢。其他二所，曰維多利亞船塢，曰阿伯脫船塢(Albert Dock)。海底電線公司亦有一乾船塢，建於克伯爾海口。

新加坡河與梧槽河(Rochore River)之兩岸，各建有小碼頭甚多，以備停泊駁船上落貨物之用。

教育 海峽殖民地與馬來聯邦之教育，均直轄於教育部長，教育部設在新加坡，部長之下，另設副提學使及視學官若干人，以視察各地之學校。

在新加坡較大之英文中學計有三間：曰萊佛士中學(Raffles Institution)，於一八二三年爲萊佛士所手創。曰聖若瑟中學(St. Joseph Institution)屬天主教會。曰英華中學(Anglo-Chinese School)，屬耶穌教會。以上三校學生約達千數。此外尚有英文小學多處。

愛德華第七醫藥專門學校(King Edward VII Medical College)爲造就醫生於醫院中助手及看護之惟一機關，此校於八年前曾發生反對訓育主任之風潮，致遭停頓達半年之久。

於開闢新加坡百年紀念大會中，有倡設萊佛士大學之建議，籌備數載，遂於一九二八年正式成立。現設文理與教育三科，入校學生，概得各地資本家之資助，或賴政府之津貼，自費入學者爲數極少，故開辦迄今已達八載，而全校男女學生尚不過一百左右。聞將來愛德華醫藥專門學校併入後，此校方成爲正式之大學。萊佛士大學之校舍建於植物園前面之山頂，規模宏偉，設備整齊，建築費達一百二十萬元，半爲華僑所捐助。

新加坡之華僑學校備極發達，總計有二百餘間。小學中之最大者有道南、養正、端蒙、啓發、育英等學校，學生均達數百名。女校中之最著者：有南洋、崇福、南華、中華等女校，學生亦各數百。一九一九年春，以陳嘉庚之提倡，於新加坡開設一完全中學，定名曰南洋華僑中學校，基達七十英畝，校舍建於山頂，規模宏大，設備亦尙完善，學生最多時期達三百餘名。惟以此校時生風波，至校務不能循序前進，華僑人士常引以爲憾。

宗教　凡主要之宗教團體，在新加坡均有設立。聖安德羅(St. Andrew)教堂，建於一八六二年，爲在新加坡最莊嚴之教堂。天主教會亦設有教堂若干。而長老會、美以美會等亦均建有教堂，宣傳教義。

在巴利士他路（Balestier Road），有一巨大之佛殿，每逢朔望，吾華人之前往膜拜者，踵趾相接。

青年會與女青年會在新加坡均有分會，前者之會所在菓園路(Orchard Road)，規模甚大。後者之會所在砲臺路(Fort Canning Road),規模甚小。

公共建築物　植物園與實驗植物園最爲重要,馬來亞橡樹實業得有今日之發達,實胚胎於植物園試驗培養之成功。植物園內建有音樂亭一,警察樂隊每星期在此奏演兩次,任衆觀聽。萊佛士圖書館與博物院常有學者前往參考。博物院中所搜集之動植物標本以及有關於歷史之古物,非常豐富。圖書館中所珍藏之書籍,計達四萬餘册,另闢兒童圖書部,任十歲以上之兒童自由閱覽。至博物院參觀之民衆,平均每年達二十四萬人,在中國廢歷新年之初,每月多至一萬二千人。

在紅橋頭(Thomson Road)之蓄水池,其機械工程之設備,最感趣味。新加坡全市之飲水,盡取給於此。惟此池水量之供給,未能十分充足,故政府已在柔佛之浦來山(Gunong Pulai)另闢水源,並在砲台路附近另建蓄水池,以充足市民之用水。又駐紮於新加坡之英國軍隊,其大本營亦在砲台路附近。

在新加坡之巍峩之建築物,魁偉之紀念碑,數亦不少。其中最著者:如維多利亞戲院、維多利亞紀念堂、紀念堂前廣場上之萊佛士銅像、紀念歐戰陣亡將士之石碑、殖民政府之大廈、最高法院及總督行轅等。在歌利也基 (Collyer Quay) 之屋舍亦甚高大。其中最著者，爲藍烟囱輪船公司、新加坡板球俱樂部、歐洲大旅社、及萊佛士大旅館等。此外如羅濱孫路之電報總局，紅燈碼頭 (Johnston's Pier) 之郵政總局，匯豐銀行及在克伯爾路新建之火車站等，其房屋亦均富麗堂皇，令人稱羨。至如政府總醫院、萊佛士大學、及華僑中學等之屋舍，亦盡係大廈，爲馬來亞其他各埠所罕見。在武吉巴梳路 (Bukit Pasoh Road) 有一華人俱樂部，曰怡和軒者，其屋宇亦甚軒昂。考此俱樂部曾在倫敦註册，故居留政府每無法嚴格干涉。後以日本侵佔東北，部中會員時加討論，居留政府深恐發生別種問題，遂將其註册取銷，改在新加坡政府重行註册。

地文狀態　新加坡之地文狀態，詳示如下：

山　錫山 (Bukit Timah) 高五二〇呎，華僑中學之校舍即建於此山之旁。萬利山 (Bukit Mandai) 高四二六呎，以上二山爲新加坡最高之山。皇家山高一二九呎，建有殖民地總督之行轅。砲台山高一四一呎。番盤山 (Mount Faber) 建有氣象台。伊密麗山 (Mt. Emily) 與珍珠山 (Pearls Hill) 之下，建有蓄水池。珍珠山高一五二呎，爲市區內之最高點。

河　新加坡島面積極小，故河流甚短。河中之最要者，爲新加坡河、梧槽河、與加冷河 (Kallang

River)。此三河雖甚短小，然自海輪過入駁船之貨物，概運入此等河中，卸於河旁之貨棧。此外尚有章宜(Changi)河，雪龍岡(Serangoon)河（後港）榜莪(Punggol)河，山咨崙(Sembawang)河，會厝港(Selotar)，加蘭宜(Kranji)河，必立(Borih)河與瑞龍(Jurong)河等。

土角　丹絨巴葛爲碼頭與工廠薈萃之處，已如上述。丹絨魯(Tanjong Rhu)爲造船廠聚集所。丹絨加東(Tanjong Katong)設有海水浴場。章宜土角則在島之東北隅。

島嶼　在新加坡島附近又有若干小島，示之於后：

勃拉尼嶼爲屯軍所，並有著名之熔錫工場。勃拉更麥題島亦係軍隊駐紮地。聖約翰島爲輪船之檢疫所，有時在島上受檢之人民可達數千人。浦公嶼(Pulau Bukum)爲貯油站。在柔佛河口者有大德公島(P. Tokong Besar)、烏賓島(P. Ubin)，產花崗石極多。

海峽　新加坡海峽在新加坡與荷屬南部羣島之間。柔佛海峽或稱德勃勞海峽。森美蘭海峽與巴東海峽(Selat Pandan)，可參閱新加坡地圖。

鄉村　在雪龍岡路之末端，沿雪龍岡河者曰雪龍岡村。沿鐵道者曰錫山村與班讓山(Bukit Panjang)村。沿東海岸與裕捷路(Joo Chiat Roads)者曰丹絨加東村。沿東岸路(East Coast

Road)者曰古勞灣(Telok Kurau)村。沿巴耶黎巴路 (Paya Lebar) 與雪龍岡路者，曰巴耶黎巴村。在淡邊尼路 (Tampenis Road) 之第七哩處，曰淡邊尼村。沿紅橋頭與萬利路者，曰眘厝港 (Chan Chu Kang) 村。

交通　馬來聯邦鐵道縱貫新加坡島，至武特蘭德後，越柔佛海峽之長堤，即至位於大陸之新山。由此北行，可抵吉隆坡、布萊，而直達曼谷。

在新島之車站，計有下列數處：克伯爾路總車站爲鐵道之終點，由此而上爲廳律 (Tank Road) 車站、紐頓 (Newton) 車站、克倫尼路 (Cluny Road) 車站、荷蘭路 (Holland Road) 車站、錫山車站、班讓山車站、萬利車站與武特蘭德車站。

從柔佛至克伯爾路總車站之距離，約爲二十哩。此段鐵道概鋪雙軌。

往來於海口間及島嶼間之電船與舢板船，爲數極多，蓋所以備乘客上落之雇用。

電車路共有二十餘哩，計分四線：一自老巴虱 (Old Market) 至紐頓。二自老巴虱至後港（雪龍岡路。）三自牙籠(Gelang)至丹絨巴葛。四自廳律至克伯爾海口。

公共汽車不但暢行於全市，兼行駛於各鄉區。紅色之公共汽車，行駛於丹絨巴葛與牙籠之間。

綠色者，行駛於梧槽路與錫山路之間。黃色者，行駛於濕米路(Brao Basah Road)與後港之間。深綠色者，行駛於梧槽路與會厝港（新加坡軍港即建於此）之間。

公路　在市區以外之公路共有九七哩，均上鋪柏油平滑如砥，車行其上，斷無顛撲之苦。

物產　主要之物產爲橡皮、椰子、與鳳梨三種。此外在奧賓島與萬利區兩處，則產花崗石不少。

鄉區　新加坡島共分三十鄉區，讀者如欲詳究，可查新加坡地圖。

第十二章　(一)檳榔嶼

檳榔嶼殖民地計括左列三部：

一曰檳榔嶼，其首邑爲喬治市，華人通稱檳城。

二曰威斯來，其重鎭爲北海(Butterworth)

三曰天定，其重鎭爲魯麥(Lumut)。

檳榔嶼在海峽殖民地中資格最老，於一七八六年八月之十二日，爲大佐拉愛德所開闢，歸印度政府所管轄。此島係由吉打巫長割讓與英國，當時謂爲吉打公主贈與拉愛德之嫁奩，其實此係荒誕不經之傳說。考檳榔嶼之得名，乃由於島上遍植檳榔之故。土人常將檳榔之子與胡椒之葉混合而咀嚼之。讀者欲知關於此島之其他歷史可閱第八章。

當歐戰之時，在檳城海口曾發生一次小小之海戰。德國巡洋艦恩登號，僞裝英國戰艦，駛入檳城海口，彼立向俄國巡洋艦勤瑞號(Jemtjug)用礮轟擊，結果俄艦沈沒，被難之水兵不少。後恩登號於駛出北海峽之途中，適遇法國之水雷驅逐艦摩司快脫(Mosquet)，遂亦互相開戰，惟以法艦之礮力遠不逮德艦之猛烈，結果又爲恩登號之大礮所擊沈。

面積氣候及其他　檳榔嶼長十五哩，闊九哩，面積計有一〇八平方哩。此島之大部份全爲林山所蔽。山中之最高者曰西山，達二、七三五呎。次曰皇家山，馬來人通稱朋特刺山(Bukit Bendera)高達二五五一呎，爲著名之避暑地。皇家山巔建有平屋數所，及克拉奇大飯店(Crag Hotel)，以供旅客之遊息。吾人欲登此山之巔，計有兩路：一沿瀑布而行，一由峇魯村（Kampong Bharu）直上。此外尚有沿峇魯村建造之登山鐵道，其工程較香港所建者尤爲偉大。吾人若乘登山鐵道，則自麓至巔瞬息即達，惟取費甚貴，殊不適於一般民衆。

檳榔嶼位於北緯五度二十四分，與東經一百度二十一分之間。其氣溫比星洲平均高四度，雨量則較少。惟林木滿山，綠蔭蔽日，其風景之秀麗，推馬來半島第一。島中果樹種植極多，紅牡丹最爲著名，因潔味甘，有類荔枝，故世人咸認此島爲最合宜之住宅區域。北岩爵士(Northcliffe)於一九二二年環遊全世界時，曾道經檳城，彼謂登山下瞰時，檳城風景之佳麗，舉世無匹。

在市區範圍以內之面積，即稱喬治市。

人口　據一九三一年之調查，檳榔嶼之總人口有如下之分配：計

住居於檳城市區者共有一四九、三二七人　住居於檳榔嶼鄉區者共有四一、〇三〇人

故島上之總人口爲一九〇、三五七人。

住居於威斯來區者共有一五五、〇〇〇人　住居於天定者共一四、四〇〇人

以上總計共爲三五九、七五七人，即稱爲檳榔嶼殖民地之總人口。

島中居民以華人爲最多，而位於大陸之威斯來與天定兩區，則馬來居民多於華人，玆再分析之：

在檳城島者計有歐洲人與歐亞混血人三、一八二人　華人一一六、二三二人

馬來人四三、〇六二人　印度人二七、八八一人

在威斯來者計有歐洲人與歐亞混血人七七九人　華人四〇、一〇三人

馬來人八〇、八三〇人　印度人三三、二八八人

在天定者計有歐洲人及歐亞混血人四六人　華人三、三〇七人

馬來人六、一五八人　印度人四、八八九人

政府　殖民政府之組織已詳述於第十章中，至市政之組織與新加坡無異（參看第十一章）。檳榔嶼主要之長官，爲檳城駐劄參事官。彼與檳城之非官吏議員，可代表檳城政府出席於立法會議。

鄉區　檳榔嶼除喬治市外，更分爲兩區，一爲東北區，一爲西南區。

交通　檳城有優良之海口，故來自歐洲印度航行至中國日本之巨輪，例必停泊。至經營近海貿易之輪船，其寄碇於檳城海口者爲數更多。近海航線自檳城北行可至吉打玻璃市及其他港口，然後直達仰光。南行至天定、安順。檳城與蘇門答臘北部之交通，亦極便利，蓋祗須橫渡馬六甲海峽也。

介於檳城島與大陸間之海峽，約闊三哩，故聯邦鐵道不能直達檳城，乘客須在檳城對岸之布萊（華僑名新路頭）下車，坐輪過海。

檳城海口與布萊河船塢，概歸檳城港務局管理。沿檳城海邊建有瑞天咸碼頭（Swettenham Pier），除大郵船外，任何輪船均准停泊。

在檳城市以內之街道，歸市政委員會管理。在市區以外之公路，則由公務局（P. W. D.）負維持之責。北行之公共汽車可達飛鈴奇(Batu Feringgi)，南行之公共汽車可至貢巴灣(Telok Kumbar)檳城全市，及市外附近各地，概通汽車，如亞逸淡(Ayer Etam)與奇露冬(Jelutong)等處，均可直達。

建築物　檳城市中最著之建築物，有政府之大廈，匯豐銀行，輪渡車站，最高法院，與駐劄官官舍等。此外沿那淡路(Northam Road)之兩側，有華人與歐人所建築華麗之別墅不少。

名勝　檳城風景清幽，甲於半島，故名勝之區，難以盡述，茲擇其要者言之：亞逸淡山的極樂寺最爲著名。寺建於山巔，計有殿宇四所，屋之高度雖參差不齊，但互相連絡，可以通行。吾人若登山巔，靜坐極樂寺內，舉目四矚，則見層層密密之椰林，飄搖於麗日和風之下，歎爲奇觀。故凡過檳之旅客，非一登極樂寺不可。植物園位於諸山之麓，故亦爲風景秀麗之區。

蛇廟適位於至累樂(Relau)與峇耶立柏(Bayan Lepas)兩村之公路之分歧點處，中畜大蛇若干，受人膜拜。廟之牆壁間，則繪有關於道教之事蹟。廟內更有兩大鐘，擊之聲聞數哩。

丹絨武牙(Tanjong Bunga)爲檳城之海水浴場，於此設有一完美之游泳俱樂部。巴來浦流(Balek Pulau)在檳城島之西南，於此有區公所一，及大醫院一。由亞逸淡至各處之山道，沿途風景最能引人入勝。越勤丁山道(Ginting Pass)，繞遊檳城全島，計程四十哩，沿途風景之美，更令人難忘。

宗教　主要之宗教團體，在檳城均有佛殿與回教堂，建設特多。屬於基督教者，則有天主教堂，聖喬治(St. George)教堂（屬新教），長老會費資仇紀念堂(Fitzgerald Memorial)（屬美以美會）及蓮花河教堂(Farquhar Street Chapel)（屬 Brethren 派）等。

教育　檳城有教育部長委任之視學官一，華文視學員一，及馬來文視學員一。較大之英文男校，有檳城義學(Penang Free School)（照例徵收學費）聖紮維厄中學(St. Xavier's Institution)及英華中學等。女學中之最大者，有官立女學、修道女學(Convent Girl's School)、英華女學等。

檳城之英文學校，在馬來亞中程年最佳，凡參加劍橋高初中畢業會試之學生，及格最易，名次最前者，平均以檳城英校學生爲最多。即皇后獎學金(Queens Scholarship)，亦常爲檳城學生所獲得。

華僑教育亦極發達，鍾靈中學開辦以來，頗具成績，其程度自預科起至初中止。中華學校與麗澤社附設之小學學生均極發達。女校中之最著者，爲福建女學，其程度自小學起至初級師範止。

物產　馬來半島所產之錫米其大部份概運至檳城，加以熔解鑄成錫塊後，即在檳城運往各國。承辦此項事業之大公司，在檳城共有三所：一爲海峽貿易公司（Straits Trading Company），一爲梁發工廠（Leong Fee's Works），一爲東方熔錫公司（Eastern Smelting Company）。在飛鈴奇有一巨大之製冰廠。

島中低窪之地，多用以種稻。惟島之大部份，概植椰樹與各種果樹。故樹果之產生，終年不絕。就中以榴槤、山竹、紅牡丹爲最多，而番荔枝、吉菓（Chikus）、鳳梨與香焦等，則又隨處可見，多不勝數。

入口貨與出口貨已敍述於第十章中。惟入口貨物以來自歐美、中國、與日本者爲最多。入口貨中之大部份，再由鐵道運至馬來聯邦與吉打各部，至運往歐美各國之出口貨，則以橡皮、椰乾與錫爲大宗。

地文要點　關於地文狀態已略述於前，其有未述者，詳示如下：

山　西北高二、七三五呎，皋家山高二、五五一呎，勸丁山（Bukit Ginting）較低

土角　在島之東岸者有丹絨庇能加（Tanjong Pepanga），拉愛德於一七八五年率水軍

一百名，印度水手三十名，英國礮兵十五名，及職員五名，卽在此處登岸。現簡稱丹絨庇飴川為丹絨，在此建有康華列司礮臺(Fort Cornwallis)，一座礮臺之上更設燈塔。在東北隅者曰篤公士角(Tanjong Tokong)為著名之產魚區。在西北隅者曰墨加岬，建有燈塔。此外在西南隅者，有求大桑哥爾岬（Tanjong Gertak Sanggul），在東南隅者有丹泡耶灣士角（Tanjong Telok Tempoyak）。

島嶼　其里亞島(Pulau Jerejak)為輪船檢疫所及瘋癲治療所。此外尚有李毛島(Pulau Rimau)、美冬島(Pulau Betong)、卄的島(P. Kondi)，與的鵠島(P. Tikus)等。於的鵠島上有一燈塔。

海灣　在島之北部有峇亨灣(Telok Bahang)，在島之南部有貢巴灣。

鄉村　茲以檳城島之鄉村列表於下：

村名	區別	特點
累樂	東	產稻
奇勒吳(Gelugor)	東	產魚

奇路冬	東	產猪
檳榔溪 (Sungei Pinang)	東	有礱米廠及小船製造所
峇脊村	東	多椰林
亞逸淡	東北	有極樂寺、果樹園、椰林、橡樹園
峇眼其馬樹 (Bagan Jermal)	東北	產魚
的鴿島	東北	有暹羅與緬甸之廟宇
篤公士角	東北	產魚
丹絨武牙	東北	有海水浴場與游泳俱樂部
飛鈴奇	東北	產魚並有製冰廠
峇亨灣	西北	產魚並有椰林橡樹園
巴來蒲流	西南	有椰林果園與橡樹園
美冬島	西南	產魚
貢巴灣	南	產魚
峇耶立柏	東南	有椰林、果園、橡樹園

(二)威斯來

威斯來與檳城相對，爲一位於馬來半島之狹條，計長四五哩，闊八哩，共有面積二八〇平方哩。全部居民有一五五、〇〇〇人。於一七九八年以勦滅海盜爲理由自吉打蘇丹割讓與英國。

威斯來之北與東以吉打爲界，南以大霹靂爲界，西瀕南海峽與北海峽。

區　威斯來計分三區：曰北區以北海爲其要邑。曰中區以大山腳爲其首鎮。曰南區以高淵(Nibong Tebal)爲其重鎮。

交通　檳城及布萊間之輪渡，與馬來聯邦鐵道之火車互相銜接。此鐵道之幹線，抵大霹靂東北部之巴烈文打(Parit Buntar)車站後，卽入威斯來境，經高淵、雙溪峇加(Sungei Bakap)、新邦安班(Simpang Ampat)與大山腳諸車站後，卽達布萊。

馬來聯邦鐵道之幹線，再由大山腳通至吉打之阿魯士打後，卽沿馬來半島之東岸直抵曼谷。起自大山腳至吉打邊境間一段之鐵道，其所經之車站有庇能的(Penanti)、奇拉(Jerak)、克甲(Kreh)與檳榔東甲(Pinang Tunggal)等。

馬來聯邦鐵道在布萊建有新式之碼頭，遠洋巨舶均寄碇於此。由巨舶運來之貨物，即可直接送往火車，分運各地。

海峽輪船公司(Straits Steamship Company)（總公司在星洲為近海航線中大公司之一）之輪船，常停泊於峇眼端克吉爾(Bagan Tuan Kchil)，此地在北海之附近。

威斯來之公路網，建築亦極完善。一切汽車可行駛於本部各處外，兼可通行於鄰近之吉打與大霹靂各處。

地文要點：

河流　墨達河(Sungei Muda)適為威斯來北部之邊界。布萊河之成為重要，即由於布萊為鐵道之終點。高煙河(Sungei Krian)使南區之土地非常豐沃。除此三大河外，尚有朱綠(Juru)、查查維(Jajawi)、瓊瓊(Junjong)及丁敖(Tengah)等較小之河流。

山　威斯來概係平原，故南半部幾完全種稻。山之最高者曰大山，高達一、七八五呎（大山腳鎮即在此山之下）。般超山(Bukit Panchor)高一、三六〇呎。陳巴達山(Bukit Chempadak)高九五四呎。丁敖山最低。

島嶼　離查查維河之河口不遠，有兩個小島，稱曰克拉嶼（dulau Kra）。

物產與工業　主要之物產為橡皮與米。關於工業方面者，除布萊河船塢外，於尼與河（Sungei Nyok）附近，尚有海峽輪船公司所建之船塢，於此曾建造小輪船與電船為數不少。

主要市鎮　威斯來中主要之市鎮，有如下列：

北海與檳城隔峽相望，此鎮為北區之要邑，故駐有區長、軍醫及設有遠警法庭與醫院等。在北海之附近，則為海峽貿易公司所設之焠錫工廠與貯油池。

大山脚為威斯來中最大之鎮，馬來聯邦鐵道由此接軌，北達吉打。再此鎮為中區之要邑。

布萊鎮為馬來聯邦鐵道北端之終點，布萊河船塢接近於北萊車站。較大之輪船常寄泊於布萊之碼頭，

高淵為南區之要邑，故亦為重鎮焉。雙溪咨加鎮在高淵之北四哩。

波馬打明學哈拉（Permatang Bendahara）在墨達河之南岸，庇能加（Penanga）設有無綫電臺，故均為重要之鎮。關於鄉村可參看威斯來圖。

(三)天定

沿大霹靂之西岸有一狹長之地帶，合附近此地帶之若干小島，總稱曰天定，爲檳榔嶼殖民地中之一部。天定之總面積共一八三平方哩。於一八二六年得大霹靂蘇丹之允許，割讓與東印度公司。人口總數爲一四、四〇〇人。

主要之市鎮，爲魯麥(Lumut)，於此有區長一，醫院一。邦哥海峽(Strait of Pangkor)介於邦哥島與陸地之間，此海峽造成魯麥爲一優良之港口。惟一因入口之處過於狹窄，二因缺少鐵道與內地聯絡，故此港口無甚用處。

班加蘭峇魯鎮(Pangkalan Bharu)則位於本歪河(Bruas River)與公路之交叉點。

邦哥鎮(Pangkor)居民稀少，概從事於捕魚。

交通　凡往來於檳城、安順與天定間之輪船，必寄碇於邦哥、魯麥、與實吊遠(Sitiawan)三處。實吊遠位於茄查麥的河(Sungei Gajah Meti)之旁，爲大霹靂屬之一鎮。惟此河與魯麥河相通，故河水亦經魯麥港口出海。

從魯麥有一公路，經實吊遠或木歪（Bruas）後，可直達怡保或太平。自魯麥至怡保或太平之距離，約各六五哩。

主要之物產有橡皮、椰子、籐與魚等四種。

地文要點：

河流　計有木歪河、魯麥河、茄查麥的河。

土角　計有丹絨亨篤（Tanjong Hantu）、丹絨浦龍（Tanjong Burong）。

海峽　有邦哥海峽。

海灣　在木歪河口有西拉海灣（Tolok Sera）。

島嶼　將大霹靂歸英國保護之邦哥條約（Treaty of Pangkor）即訂立於邦哥島，時在一八七四年。此外尚有邦哥小島（Pulau Pangkor Kechil）與大瑯島（Pulou Talang）。

山　在天定之東北隅有松丁咨樂山（Gunong Sunting Paloh）高一，三三六呎。約在天定之中部有實布烈山（Bukit Segari）高一，六一五呎。在魯麥之南有翁古浦蘇山（Bukit Ungku Busok）高一，〇八四呎。在邦哥島者有邦哥山，高一，二二四呎。

第十三章　馬六甲

馬六甲爲歐洲人在遠東殖民地中最古之一。當一三七七年爪哇軍隊掠奪新加坡島時，所有新島馬來居民盡逃避至馬六甲，創造馬六甲國。嗣後國勢之盛，在馬來半島中一時無兩。葡萄牙人於一五一一年，即在哥倫布發見美洲後之十九年，侵入馬六甲時，每不得逞，後卒藉華人漁民之協助，始能登岸。其時葡萄牙固已有強大之海軍，而其領袖又爲著名之阿伯奎也。葡人既得馬六甲後，即興築城堡，用以攻守。迨約過三百年成爲英國之殖民地後，即將城堡完全炸毀，其用於炸毀工程之款項，達六萬餘金之巨。至今此城堡之遺跡，尙有存焉。葡人除興築城堡外，更建造教堂，開設學校，遂使馬六甲成爲遠東主要市場之一。

一六四一年荷蘭人於葡人手中奪獲馬六甲，於是荷蘭人爲此地之主人翁者，計歷一五四年。

至一七九五年馬六甲又爲英人所奪，戰事結束未久，英人仍擬放棄，後依雷佛士之意見，始暫保留。

一八一一年閔都爵士即以馬六甲爲根據地出兵遠征爪哇，結果爪哇之受英人統治者凡四年。於此足證雷佛士見解之遠大矣。

一八一六年以維也納條約之訂立，爪哇重歸荷蘭。其時英荷兩國對於在馬六甲海峽以南之土地，其統治權究屬何國，紛起爭論。至一八一八年，馬六甲亦重歸荷蘭。斯時雷佛士適任萬古侖之長官，彼爲救護英國殖民地起見，遂親至加爾各答晉謁總督，痛陳大計，謂英人若欲阻止荷人之貪慾，則必須在馬六甲之南，獲一英人之根據地，新加坡之開闢，卽肇基於此。同時馬六甲於一八二四年三月十七日，與英國在蘇門答臘所得之殖民地互相交換，重歸英人所統治。

面積境域及其他　馬六甲位於馬來半島之西南岸，適介於自新加坡至檳城全程之三分之一處。其面積爲七二〇平方哩，人口有一八六、六九四人，其中馬來人佔最多數，此爲與其他兩殖民地不同之處。茲以各民族之總數分析如下：

歐洲人與歐亞混血人有二、七〇〇人　華人有五五、四六〇人

印度人有二三、〇〇〇人　馬來人有一〇五、五三四人

但華人、印度人與歐亞混血人之人口，其增加率平均比馬來人爲速。

本殖民地北界森美蘭，東界柔佛，西與南以馬六甲海峽爲界。首府曰馬六甲市，與新加坡相距

一百十七哩，市内居民據一九三一年之調查，爲三八、〇四三人，較二十年前約增一倍半，此因本殖民地橡皮事業之發展有以致之。

政府　主要之長官卽爲駐劄參事官，此駐劄參事官與其他之非官吏議員，得代表馬六甲殖民地而出席於立法會議。

本殖民地計分三區：一曰北區，以亞魯茄查（Alor Gajar）爲要鎭，居民約一、二四〇人。二曰中區，首邑卽馬六甲市。三曰南區，以野新（Jasin）爲要鎭，居民約九〇〇人。

教育　馬六甲之教育事業由視學官掌管，華僑教育則另委一華文視學員掌理之。較大之英文學校有馬六甲中學（Malacca High School）、聖芳濟中學（St. Francis Institution）、英華中學及修道女學等。上述諸校，除馬六甲中學爲政府所設立外，餘均由教會維持，並得政府之補助。其程度至參加劍橋高中畢業試驗爲止。

華僑學校設立雖多，但規模概不宏偉。就中最大者曰培風學校，學生均四百人，程度至初中止。較次者有平民、育民等小學。女校人較大者曰培德，學生均二百餘名。

本殖民地以馬來人民較多，故馬來學校非常發達。園藝與編物手工爲馬來學校中重要功課之一。凡馬六甲之馬來子弟，務須一律入學，如家長任令兒童戲嬉，得處以相當之罰金。太密爾人學校，亦有開設學生誦讀之時，幾如吾國之私塾。

地文概要　自馬來聯邦以北，地勢逐漸平坦。迨至馬六甲幾無大山之可言。校中最高之山，概在馬六甲之南區與森美蘭交界之處，有巴打馬拉甲山(Bukit Batang Malaka)高一、四一九呎。稍南有望萬山(Bukit Bomban)高一、六〇一呎。雪鷺那山(Bukit Sodenan)高一、〇九三呎。爲森林保留區。在生奇山森林保留區(Bukit Senggeh Forest Reserve)者，爲三石山（Bukit Batu Tiga)，高一、三四五呎。

馬六甲殖民地除上述之諸山外，概係平原，故宜於種稻。在英屬馬來亞中產米最多之區，首推高煙，次爲威斯來，第三卽係馬六甲。馬六甲所產之黑糯米，著稱於世。

本殖民地中之森林保留區，幾佔全面積十分之一。茲擇其最要者，自東北起依次詳示於下，以備讀者實地考察之用：

雙溪西浦林區(Sungei Siput)　溫泉林區 (Ayer Panas)

生奇山林區　雙溪烏打林區(Sungei Udang)

雩嘮那山林區　泥亞拉司林區 (Nyalas)

般昭山林區 (Bukit Panchor)　巴打馬拉甲林區，(Batang Malaka)

蔴里夢林區 (Merlimau)　勃魯安山林區(Bukit Bwang)

河流　馬六甲河道縱横，水利豐富。在中區者有馬六甲河，此河更有支流二：曰榴槤洞甲河 (Sungei Durian Tunggal)，曰巴打馬拉甲河，均縱貫全境，而區於森美蘭之邊界。

在北區者曰寧宜河(Linggi River)，發源於芙蓉，下流入海峽，形成馬六甲與森美蘭一部份之分界線。此河之支流為林茂河 (Sungei Rembau) 與峇魯河 (Sungei Bharu)，亦均流入北區。

在南區者有旗蘭河 (Sungei Kesang)，適成柔佛之邊界。其支流為照文河 (Sungei Chobong) 與泥亞拉司河(Sungei Nyalas)。在馬六甲三區之中，以本區最富於水利。

除上述之諸河外，尚有細流極多，均注於馬六甲海峽。

土角　沿海岸最顯著之土角，即為吉靈土角，政府與富人均設有平板屋於此，以備休憩之用。

島嶼　烏百島 (Pulau Upoh) 為馬六甲之輪船檢疫所。在馬六甲市之東南者為大島

(Pulau Besar) 及其附近之若干小島，大石(Batu Besar)與三石(Batu Tiga) 兩小島，適介於吉寧士角與寧宜河口 (Kuala Linggi) 之中途。翁打島 (Pulau Undan) 迫近馬六甲市，上置燈塔。

交通　往來於新加坡與馬六甲及其他各埠間之輪船，每日均有。遠洋輪船之駛往歐洲者，亦間或停泊。惟馬六甲以海水甚淺，向無海口之建設，故大輪船之欲寄碇者，須泊於離岸二哩以外之海中。馬六甲河之口，常置有挖泥機，隨時挖掘，以防淤泥壅塞河口。當星洲未闢，馬六甲在世界上稱為重要口岸時，輪船尚小，載重尚輕，故可泊近海岸，不受水淺之影響。至近代之大郵船，則於海水退潮之時，非有三十呎以上之深度，實無從靠岸矣。

馬來聯邦鐵道之幹線，自森美蘭境至巴丁馬拉甲車站後，即入馬六甲殖民地，再經德文(Tebong)、克魯(Kru)與淡邊三車站後，重入森美蘭境。自淡邊車站築有支線，直達馬六甲車站。此支線之長計二十二哩，全憑馬六甲河建築。中間計經五站：曰巴都美倫達(Batu Berendam)，曰榴槤洞甲，曰美林平(Bolimbing)，曰亞魯茄查，曰茄地(Cadok)。

英政府擬自金馬士至馬六甲市再築一線，計經亞沙漢 (Asahan) 野新與望萬三鎮，及雀保

(Chabau)與斤斤(Chinchin)兩村。此線成後，可由馬六甲直通吉蘭丹矣。

公路　本殖民地之公路網早已完成，汽車可暢行於馬六甲之各鄉鎮。即在本境以外之蔴坡、淡邊、波德甲等各處，亦易到達。且因柔佛海峽之間築有長堤，故又可由馬六甲直達星洲。此路共長一二〇哩，約須六、七小時，比乘火車可節省時間三分之一。除聯絡各鄉村之次要公路不計外，其以馬六甲市為起點之主要公路，共有五條，試分述之：

（一）沿海邊南行之公路，可至波奴(Pernu)、恩倍(Umbai)、塞甘(Serkam)與萬里夢。然後越旗商河而至雙溪蘭倍(Sungei Rambai)，即入柔佛境，再經蔴坡、峇株巴轄、新山，即達星洲。

從萬里夢起又有一路，北行可抵巴耶雅貢(Paya Jakun)與巴耶勤安(Paya Jenuang)。

（二）沿第二條公路向東北行，可至加影山(Bukit Kajang)、望岜溫泉(Ayer Panas)而達野新。

野新為南區之要鎮，故政府於此設有辦公機關。從野新起又有二路：一通柔佛屬之東甲(Tangkah)，一通亞沙漠。

（三）第三條公路係在鐵道之東，沿榴槤洞甲河流域而建築。此路深入本殖民地東部之中心。沿此路而行，可至榴槤洞甲、亞逸維文（Ayer Lombong）、亞逸德魯（Aery Terup）、馬雀（Machap）、寫蘭大（Selandar）與泥亞拉司。

此路北行之支路，可達德文車站與巴打馬拉甲，此鎮適位於森美蘭之邊境。其東行之支路，可至旗商山（Bukit Kesang）。

（四）第四條公路在馬六甲河之西，幾與鐵道平行，可通淡邊。此路所經之村鎮，爲波丹（Bertam）、克利馬（Kelemak）、奇霹冬、亞爷茄查、蒲流石萬（Pulau Sebong）而達淡邊車站。淡邊鎮適介於馬六甲與森美蘭二州之交界處，爲屬於森美蘭州淡邊區之重鎮。

此路之支路，使一重要之鄉村名山班安八（Sempang Ampat）者，得與蒲流石萬及亞魯茄斯在互相連接。

（五）第五條公路及其支路，均在馬六甲之西北部。自馬六甲市西北行七哩，即爲丹靈十角，於此設有海水浴場及政府官吏之休息所。折而北行，在路之略東者，有亞逸沙勒村（Ayer Salok），爲羅馬教徒之居留地。迨至巴都美令勤（Batu Beringin），此公路歧而爲四：一向克利馬，次接連於山班安八至魯卜支那(Lubok China)之公路。第三至位於林茂河之魯卜支那村。第四通班加蘭峇拉(Pangkalan Balak)峇魯河口及寧宜河口。

物產　馬六甲爲一農業區域，故鑛產絕無。農產物中之主要者，爲橡皮、椰乾、碩莪粉、甘蜜、檳榔與實等。

在馬六甲之椰子園均係小範圍，不過橡樹園所佔之地積，以大者爲多。

主要市鎮　馬六甲在半島中爲最古之城市，故街道狹隘，屋多舊式。有荷蘭街（Heeren Street）者，爲吾富有之華人所宅居，屋宇輝皇，頗饒興趣。現以其人口之增多，商業之繁盛，在半島中除新加坡、檳城、吉隆坡與怡保四大城市外，馬六甲已居第五位。論其交通，則陸有火車，海有輪船，汽車、手車（東洋車）通達全市，而載柴運貨之牛車，亦以馬六甲爲特多。此外如銀行、醫院、電燈、冰廠、電話、電報等等，亦無一不備。

次於馬六甲市之要鎮有二：一爲蒲流石萬，居民約有二千，一爲亞魯茄查，居民約有千餘。此二鎮均在馬六甲之北區，前者鄰近淡邊車站，後者爲北區之首鎮。

馬六甲爲一農業區域，故全州居民中之四分之三，概散佈於較小之鄉村間，因此吾人對於馬六甲之鄉村不可忽略當金文泰任海峽殖民地總督時曾一再派員巡視鄉村，鼓勵馬來人組織消費合作社，頗著成效。

第十四章　可可羣島　聖誕島　納閩島

可可羣島一稱吉靈羣島，爲散在印度洋中之一羣小島，適位於自爪哇至澳大利亞全程之中途。此島羣於一六〇九年時，爲大佐吉靈（Captain Keeling）所發見。至一八五七年始宣告爲英國之屬地。自一八七八年起，此島羣歸錫蘭政府管理。至一八八六年方轉移與海峽殖民地之總督。迨至一九〇三年乃合併於海峽殖民地，而爲新加坡殖民地中之一部。此島羣中最大之島，長不過五哩，闊祇四分之一哩，居民總數約有一、二〇〇人，馬來人佔大多數。德國巡洋艦恩登號，卽覆沒於此。

可可羣島出租與克倫尼羅斯家族（Clunies Ross Family），全島居民除服役於遠東海底電線公司（Eastern Extension Telegraph Company）外，概從事於椰子之種植及製造椰乾。

可可羣島中之方位島（Direction Island），爲自好望角殖民地（Cape Colony）至澳大利亞之海底電線之電站。

聖誕島亦位於印度洋中，約在爪哇之南一九〇哩，此島長計十二哩，闊計九哩，面積爲六二平方哩。全島均係森林，計有居民一千餘人，華人最多。

此島在何時發見巳不可考。於一八八八年時，合併於海峽殖民地，至一九〇〇年始爲新加坡殖民地中之一部。

此島在一八九五年以前，幾無人居住。後發見島中含有磷酸石灰鑛，埋藏甚富。於是織組聖誕島磷鑛公司（Christmas Island Phosphate Company），招工開闢運輸出口，乃始有人民居住矣。

磷酸石灰爲製造肥田粉之主要原料，概運往澳大利亞、南非洲、與日本等處，每年產量約値一百三十萬元。

納閩是一小島，離婆羅洲六哩，介於沙勝越與英屬北婆羅洲之間（參看婆羅洲圖。）面積計三十八平方哩，居民約八千人，概像婆羅洲之馬來人與華人。

此島於一八四六年由渤泥蘇丹割讓與英國，用爲與渤泥附近之各部落，互相貿易之根據地。其時島上幾無居民。自一八九〇年至一九〇九年，納閩歸英國北婆羅洲公司（British North

Borneo Company）管理，嗣後卽轉移與海峽殖民地之總督。至一九〇七年，合併於海峽殖民地而爲新加坡之一部，現仍爲一分治之殖民地。

納閩有一優良之海口，名曰維多利亞海口（Victoria Harbour），泊船便利，且極平安。故凡婆羅洲沿岸各地，與蘇祿羣島（Sulu Archipelago）之物產，概薈萃於此。出口物產中之主要者，爲西穀米、蜂蜜、燕窩、樟腦、馬來樹膠（Gutta-percha）、橡皮、籐、玳瑁殼與海參等。此等物產概由商人先運往星洲，再轉運至別國。又此島產牛羊極少，現墾熟之地積，計有二千英畝。島上更有西穀米製造廠多處。

納閩島與新加坡、香港與北婆羅洲間海底電線之電站，故更重要矣。

三 馬來聯邦

第十五章 歷史概要

在第八章中讀者已知英人之如何獲得新加坡、檳榔嶼、及馬六甲矣。並知此三屬地即爲海峽殖民地，由英皇所委之代表曰總督者全權統治故本屬地又稱皇家殖民地。但海峽殖民地祇英屬馬來亞中之一部，吾人現當進究馬來亞中之其他各部。

自一八七四年起，英人之統治權始超越海峽殖民地，而伸展至馬來各邦(Malay States)惟馬來各邦之行政組織，並不相同，故吾人更須分爲兩類以討論之：

(一)馬來聯邦 (Federated Malay States)

馬來聯邦之名稱，已述於第二章中，讀者可詳閱馬來半島全圖，注意其在圖上所着之顏色及其所處之位置。

聯邦中最先受英國保護之一州，卽爲大霹靂。距今六十年前，在拿律（Larut）區內之華僑錫鑛工人，以派別之不同，曾發生私鬬，同時更因蘇丹王位之爭奪，使大霹靂全境陷於無政府狀態，於是始引起英人干涉之念。遂於一八七四年，在位於霹靂河河口之邦哥島上，由英人召集華巫若干領袖，簽訂條約，接受英國駐劄官之設立。此種駐劄官之權力甚大，除有關於馬來人之習俗宗教不加過問外，所有一切行政上之問題，均須先得駐劄官之同意後，方可施行。

同年在雪蘭莪境內亦發生內亂，而海上刦掠之風，其時亦極猖獗，於是英政府亦指派駐劄官駐節於此州。

森美蘭之受英國保護，亦始於同年。其原因起於二大士酋曰達督克命那（Dato Klana）與達督朋大爾（Dato Bandar）者，在松崖烏窮（Sungei Ujong）境內發生連續不斷之戰爭，於是英人卽在此境開始干涉。至一八八〇年時，又因各部落與英國所訂條約上之關係，義利坡（Jelebu），林茂（Rembau），巾河（Johol）及詩里民那底（Sri Menanti）四部，先後請求英人加以幫助。迨一八八六年，此義利坡之小領袖間又時時發生糾紛，於是義利坡卽歸英政府管理。至一八八七年，林茂亦簽立條約，接受英國統治。並於一八八九年，林茂、由河、及詩里民那氐聯合組成舊森美蘭，請求英政府正式委派駐劄官。最後經英人之疏通，將松崖烏窮與義利坡兩部，亦與上述各部落合併，遂於一八九五年立約簽字，完成現代之森美蘭，而全歸英國保護矣。

有一海峽殖民地生長之華人，遭人暗殺於彭亨，於是彭亨酋長發生恐懼，遂請求英政府派一顧問，時在一八八一年也。

英國之行政系統，導入馬來各邦，在始曾發生若干困難。如大霹靂第一任駐劄官柏赤(Birch)之被人暗殺，與嗣後之繼續內亂，吏於彭亨境內常常發生騷擾，其最著者也。惟以英人手段之圓滑，與處理之得法，往往因此種嚴重之問題，反促進其統治之迅速成功。時至現在，馬來各邦之主宰，均極忠心於英國，認彼等於物質上得有今日之繁榮，於治安上得有今日之進步，苟非英人之力，曷克臻此。

於一八九六年七月一日，此上述之四州合組一聯邦政府。其最高級之英國官吏，稱為聯邦政府之秘書長，第一個獲此位置者為佛蘭克瑞天咸(Sir Frank Swettenham)。並定吉隆坡為聯邦之首府，馬來聯邦之得名，即基於此。

（二）馬來屬邦(Non-Federated Malay States)

馬來屬邦之名稱亦已述於第二章中，讀者可參閱馬來半島全圖，注意其所着之顏色與所處之位置。

吉打、玻璃市、吉蘭丹、與丁加奴四州，於一九〇九年以英暹條約之訂立，始歸英國保護。關於此各州之其他歷史，將於各州中分述之。

柔佛於一九一四年請求英政府派一總顧問，於是柔佛亦列入英國之版圖矣。

馬來屬邦之各州，各有其獨立之行政權，不相統屬。當金文泰氏為海峽總督時，常巡遊各州，誘說酋長，恐在不久之將來，亦有組成聯邦政府之趨勢。

茲以屬於本時期中之重要條約，列舉於下：

邦哥條約(Treaty of Pangkor)訂於一八七四年，即以馬來聯邦歸英國保護。

聯邦條約(Treaty of Federation)訂於一八九六年，即以受英國保護之四州，組成一聯邦政府。

暹羅條約（Treaty with Siam）訂於一九〇九年，即以吉打、玻璃布、吉蘭丹、與丁加奴歸英國保護。

一九〇九年協定(Agreement of 1909)，即於是年組一聯邦會議(Federal Council)。

柔佛條約(Treaty with Johore)訂於一九一四年，即規定指派一英人總顧問於此州。

第十六章　馬來聯邦總論

馬來聯邦計括下列四州（參閱馬來半島全圖）：

一曰大霹靂其首邑爲太平，

二曰雪蘭莪其首邑爲吉隆坡、馬來聯邦之首府亦設於此，

三曰森美蘭其首邑爲芙蓉，

四曰彭亨其首邑爲瓜剌立比。

境域　馬來聯邦北界威斯來、吉打、暹羅、吉蘭丹與丁加奴。東界吉蘭丹、丁加奴與中國海。南界馬六甲與柔佛。西界馬六甲海峽與天定。

面積，人口　總面積計有二七六四八平方哩。據一九三一年之調查，共有人口一七一一七九三人。在此總人口中，其主要之民族有如下之分配：計華人有七一三一七三人，馬來人五九〇九四五人，印度人三八三四二九人，歐洲人六三七五人，歐亞混血人四三六七人，其他亞洲人八一三五〇

政府　海峽殖民地之總督爲馬來各邦之總監。而常駐於馬來聯邦最高級之英國長官，則爲聯邦政府之祕書長。此外各州各有一馬來巫長，及各有一英國駐劄官。

聯邦會議 (Federal Council)　聯邦法律（適用於各州之法律由各州自定）由聯邦會議時制定之。議會中共有議員十八名：卽總監、秘書長、四州之馬來巫長四州之駐劄官法律顧問財政顧問，及六位非官吏議員是也。

非官吏議員須由總監之推薦，得英皇之同意後，方可充任，任職之期計凡三年。

州議會 (State Council)　每州各設一州議會，馬來酋長，英國駐劄官，及其他指定之若干議員，均可出席於議會中。惟各州習慣微有不同，關於此層，將在各州中分敍之。

州議會之權力，得制定適用於各本州之法律，惟不准與聯邦議會已經通過之法律發生牴觸，故實際上州議會所制定之法律爲數極少，不過將聯邦議會所制定者略加補充而已。

區　各州更分成若干區，各區中處理行政之官吏名曰區長。區更分爲若干鄉。

衞生局　凡區與較大之市鎭，均各設衞生局（在海峽殖民地中則以市政委員會代衞生局。）衞生局之主要業務，爲自來水與電燈之保管，菜市場與房屋建築之監察，街道淸潔之維持等。此外如公共事業，及有關於社會幸福之善舉等等，亦均在衞生局管理之下。

司法系統　最高之裁判機關，卽爲馬來聯邦之最高法院。此院分爲兩部：一曰上訴法庭，凡司法委員均爲上訴法庭之法官。二曰司法委員法庭(Judicial Commissioner's Courts)。上訴庭在吉隆坡每年開庭四次，在大霹靂屬之怡保每年開庭兩次。司法委員庭則輪流開庭於森美蘭屬之芙蓉，及彭亨屬之瓜剌立比與關丹(Kuantan)，審理民刑案件。上訴庭得接受民事與刑事上之上訴案件。凡不服上訴庭所判決之某種案件，可再上訴於英格蘭之樞密院。

下級法院中之第一級地方法庭，得有五百元以內之民事裁判權及刑事裁判權。第二級地方法庭，其民刑事之裁判權較小。而鄉村法庭(Courts of Kathies and Penghulus)則係土人之裁判機關，其權更小。此外如鑛業監督員，亦賦與一種裁判權，以審訊有關礦務之案件。華民政務司及勞工管理員，亦賦與若干裁判權，以審理關於華人及勞工之特種案件。

有時關於土地方面之糾紛，其初審裁判權，則賦與地稅徵收員。

鐵道，郵政與電報，概歸聯邦政府管理，州政府無參與之權。更欲謀鐵道管理權之集中，與馬來亞全部鐵道系統之劃一起見，所有在海峽殖民地及馬來屬邦之鐵道，亦均由聯邦政府之鐵道部經營擘劃，設施管理。至於鐵道部之行政總機關，卽設在吉隆坡。

聯邦軍備　馬來聯邦之酋長欲與外國發生軍事上之關係，其權全操於大不列顛之手。而各酋長欲與帝國政府交換軍事上之意見，則又須由總監之手，轉呈於倫敦之殖民部大臣。因欲加強海峽殖民地海陸軍之兵力，於太平常駐有印度兵一大隊，及其他軍隊若干，蓋用以維持法律與命令之施行也。來福槍隊爲歐人義勇軍隊中之最有效率者，此中之軍官與兵士，有若干人曾參加歐戰。馬來步兵隊爲馬來人義勇軍隊中之受過訓練者，其戰術頗精。

英國海軍中之戰鬬艦馬來亞號，係於歐戰時由馬來聯邦之酋長所合贈，而獻與帝國政府之飛機，則由民衆所捐贈。馬來亞號於一九二二年曾巡遊至瑞天咸港口，各州酋長及地方聞人均蒞艦參觀，表示歡迎。

除上述之軍備外，更有受過嚴密訓練之警察，分駐於馬來亞全境之重要市鎮，以保護公共之治安，與維持法律之施行。在森林保護區，則另備一種特殊警察，專司保護森林之利益，如有竊盜惡人施行危害於森林之舉動，得捕拿究辦。

教育　海峽殖民地與馬來各邦之教育，均在同一之教育部管理之下，其最高之官吏，即爲教育部長（華人通稱提學司。）部長之下，另設華文副提學司及馬來文副提學司各一，以管理海峽殖民地及馬來各邦之華僑教育與馬來教育。此外更置有英文學校總視學官一，其辦公處設在吉隆坡。並於各州各設視學員數人。華文副提學司之下，則設有華文視學官三人，一駐星洲，一駐怡保，一駐吉隆坡，另設華文視學員若干人，專司視察華僑學校。華文視學官與華文視學員，英政府均聘請華人擔任。

英政府於丹絨馬林（Tanjong Malim）開設一馬來教員養成所（Training College），所中畢業人員，概充馬來學校之教員。該所可容寄宿學生三百名。入學者以來自海峽殖民地及馬來聯邦之馬來人爲最多。以前訓練馬來教員之機關，辦在馬登（Matang）及馬六甲兩處，十餘年前始設法合併，而成一規模完備之養成所矣。

數年前英政府於仙都（Sentul）開設一農業專門學校，凡英校高中畢業生，均可入學。此校由金文泰氏舉行開幕禮，其目的在造就農業人材，以爲將來推廣及改良馬來亞農業之用。

當雷佛士大學尚未開辦以前，凡受英文教育之學生，欲求深造，必須近至香港，遠赴歐美，目前此種需要，似已減少。馬來聯邦之學生，入愛德華第七醫藥專門學校者，其數極多，故該校另闢聯邦學生寄宿舍以容納之。

政府於聯邦各州，開設若干義務學校，專收馬來子弟，授以馬來語文。聯邦中之英文學校，亦稱發達，有為政府所設立，有為教會所開辦而得政府之津貼，惟入英文學校者，每月須納學費自二元起至四元止。太密爾與的立古（Telegu）學校則開設於馬來聯邦之各鄉村及橡樹園旁，其數亦夥。

華僑學校遍設各大市鎮，非常發達。其中最著名者，為吉隆坡之尊孔學校，坤城女學，怡保之育材學校、公立義學、太平之振華學校、芙蓉之中華學校、與巴生之共和學校等。程度以小學為多，初中或初師極少。惟馬來聯邦之華僑學校，每以經費困難，多接受政府之津貼，故政府規定每年舉行僑校會考兩次，以考察學生之程度，而定教員之去留。

英政府曾在吉隆坡開設一華人師範夜學，專收英校之華人畢業生，授以中文及教育課程，畢業後可充華僑小學之教員。惟開辦數年，毫無成績，近因經費困難，業已停辦。

宗教 馬來聯邦之各州酋長盡宗回教。於聯邦條約內所規定之條文，謂除有關於謨罕默德教義之事項，英人不加干預外，凡其他問題各州酋長均須聽從駐劄官之勸告。更於聯邦議會協定之條文中亦有明文規定，謂有關於謨罕默德教義之問題，當保留在州議會中加以討論，而聯邦議會絕對無討論之權。

吾人由上述之條文，即可推知馬來人對於回教之信仰十分堅固。至於華人與印度人雖各有其自己之宗教，但受基督教之洗禮者其數不少。在大城市中，基督教堂隨在可見，而基督教中主要之休息日（馬來人以星期五爲休息日），於馬來聯邦各埠亦均通行。考英政府向以宗教關係羈縻人心，故對於居民之信仰絕不加以強迫也。

物產　主要之物產爲錫，其次爲橡皮。此二大出產佔馬來聯邦全部之財富，竟達百分之九五。其他之主要物產爲椰乾、米、碩莪粉、甘蜜、檳榔、豬、獸皮及魚等。鑛產除錫外尚有煤與鎢兩大宗。入口貨物中之主要者：爲米、煙草、鐵器、機械、汽車、棉織品、火油、本辞(Benzine)、雅片、酒與罐頭食品等。

主要物產之出產區域，以下列所述者佔地最廣，產額最鉅：

錫鑛最富之區，爲在大霹靂屬之金丹河流域，與吉隆坡以北之各地。橡樹園幾遍植於聯邦全境。椰子園最多之區，爲在下霹靂區(Lower Perak District)與雪蘭莪之沿海各地。大霹靂屬之高煙區，與森美蘭屬之瓜刺比勝及林茂，則稻田之多觸目皆是。咖啡與碩莪爲橡樹園中之副產物。煤產於雪蘭莪之萬撓。魚產於沿海各區。而甘蜜最富之區，則在馬來屬邦之柔佛。

第十七章　大霹靂(Perak)

歷史　在十五世紀時有一回教王國建立於大霹靂屬之木歪，此殆爲本州中最古之國矣。嗣後此回教王國之君主，臣服於馬六甲蘇丹。至十七世紀時此馬六甲蘇丹之族系，即榮任大霹靂第一任之蘇丹。後此不久，大霹靂爲亞齊勇敢之君主麥古太可姆(Mahkota Alam)所滅，彼隨即委一曾與大霹靂蘇丹之女結婚之亞齊酋長(Achinese Raja)，統治本州。至一六五〇年荷蘭人於霹靂河之旁建一製造廠，後遷至邦哥，惟以荷人對於錫之專利制度，辦理不善，致引起馬來人之忿怒，竟將製造廠摧毀。

於十九世紀之初，暹羅企圖征服大霹靂，後經英人之折衝，與暹人同意於東印度公司之辦法，即中止實行，時在一八二四年也。

在一八七〇年以前，英人對於大霹靂之事務，絕鮮注意。後以本州錫鑛甚富，華人之前往經營者，爲數極巨，致華人之間，每以地域關係，時起衝突，於是始引起海峽政府之干涉。至一八七四年之一月，海峽殖民地總督邀集華人與馬來人之領袖，會於邦哥島上，簽訂條約，贊成英政府委派駐劄官於大霹靂之朝庭。

第一任駐劄官爲柏赤，彼任職一年，即遭馬來人暗殺。於是蘇丹阿圖拉 (Abdulla) 被英政府驅逐，由酋長墨達尤寒夫，(Raja Muda Yusof) 攝政，後即升爲蘇丹。繼尤寒夫者爲墨達易理斯 (Raja Muda Idris)，彼在任達二十九年之久。現任蘇丹爲易斯甘大 (Sri Paduka Sultan Iskandar Shah)，彼負笈於牛津大學者數年，爲馬來蘇丹中受高深英文教育之第一人。

境域　大霹靂北界威斯來、吉打、與暹羅。東界吉蘭丹與彭亨。南界雪蘭莪。其西則以馬六甲海峽與天定爲界。

面積　本州面積計有七八七五平方哩，其最長處爲一五〇哩，最闊處爲九〇哩。

人口　據一九三一年之統計，本州共有人口七六六〇二五人，幾佔馬來聯邦總人口之半。其中計有華人二八六六〇〇人，馬來人三〇三五〇〇人，印度人一六三二〇〇人。大霹靂尚有沙蓋人一一八〇〇人，其住居於彭亨者，與此數略等。合此二州之沙蓋人，幾佔馬來聯邦中沙蓋人總人口之十分之九。

政府　大霹靂爲馬來聯邦之一員，故對外事件概須服從聯邦政府之命令，其詳細情形已述於第十六章中。至關於本州內部之事務可由自己處理。

州議會係由下列之人員組織之：本州蘇丹，本州駐劄官，駐劄官之秘書，會長墨達（Raja Muda）八位馬來官吏，與二位華人代表。

本州之首邑爲太平，人口三一八九五人，英國駐劄官之官舍即建於此。在怡保亦有官舍一座，俾便輪流駐紮。惟蘇丹王宮則在葫蘆江沙（Kuala Kangsar），簡稱江沙，人口四二六九人，於此更建有馬來各邦總監之行轅。

大霹靂在馬來各邦中最爲前進，一切事業，頗能平均發展。如彭亨之面積約二倍於此，而其人口祇等於大霹靂四分之一，彼此相較，幾有天壤之別。

區　大霹靂全境計分九區，其名如下：

上霹靂區（Upper Perak）其首鎮爲依叻（Grik），

士覽馬區其首鎮即爲士覽馬（Selama）。

高煙區其首鎮爲巴烈文打（Parit Buntar）。

拿津區其首鎮爲太平(Taiping)，太平亦即大霹靂之首邑。
馬登區其首鎮卽馬登(Matang)。
葫蘆江沙區其首鎮卽葫蘆江沙(Kuala Kangsar)。
金丹區(Kinta) 其首鎮爲巴都牙也(Batu Gajah)。
下霹靂區(Lower Perak)其首鎮爲安順(Telok Anson)。
馬登巴登區(Batang Padang)其首鎮爲打巴(Tapah)。

在高煙區內有一天然蓄水池，佔地十平方哩，古勞河(Kurau River)之水，得直接流入池旁，更有天然及人工浚鑿之河床達一四〇哩，故受此蓄水池灌溉之面積可有六萬英畝(約等於新加島面積之三分之一)苟無此種設備，則土地不能肥沃，農產不能豐富。考本區在馬來半島中種稻最多，據一九二〇年之調查，計有稻田五四〇〇〇英畝，產米一六〇〇〇〇〇〇加侖(gantang)(一加侖等於五斤。)

主要之鑛區，在金丹與拿律。設吾人登於離太平不遠之考斐兒山 (Caulfield's Hill) 上舉目下矚，則將疑有巨無霸者，以此處之地面，造成混亂之狀態，蓋呈現於吾人之眼簾者，幾盡爲顛倒之泥片及零星之行潦也。於此足證鑛工搜求錫米之繁忙矣。金丹區內之錫鑛，則概在鐵道之兩旁，約離怡保之北或南數哩。上霹靂區尚未完全墾闢，但在不久之將來，亦可逐漸開發。在高煙，馬登，與下霹靂三區，對於漁撈，亦爲重要之實業。

保留森林 (Forest Reserves) 政府在本州中劃出若干地積，作爲森林保留區。其中最大者有下列數處：近太平者有拿律山森林保留區 (Larut Hills Reserve)，近拿律河口者有杜朗島 (Trong Island) 保留區，近高煙區之蓄水池者有邦洛丹洋 (Pondok Tanjang) 保留區，在金寶 (Kampar) 之西者有巴烈 (Parit) 保留區。

農業　讀者欲知本州耕地範圍之廣狹，可參閱大霹靂全圖。橡園椰林佔地較廣，惟因交相種植，無從計算其面積各佔多少，不過就大體言之，如椰樹佔地一英畝，則稻地當有一又四分之一英畝，橡樹當有三又二分之一英畝。然此種比例，每視土產價値之高下，常年有變動。

賦稅　本州主要之收入計有三種：一徵收錫與橡皮之出口稅，二徵收煙酒稅，三地稅。

教育　本州馬來學校最佔多數，計有男校約一百八十餘間，女校約五十間。在葫蘆江沙有一馬來貴族學校 (Malay College)，專收馬來酋長及馬來官吏之子弟，授以馬來文及英文等功課。

在丹絨馬林則有馬來教員養成所，已述於前。

向政府註册之華僑學校約有一百餘間，受津貼者約佔半數。在太平、怡保、安順、金寶、及江沙等處，均有規模完備之男女小學，而小學中之較大者則兼辦初中。英文學校約有二十間，最大者首推怡保之英華中學，有學生七百餘名，次爲怡保之聖密克爾中學（St. Michael's Institution），有學生五百餘名。太密爾學校亦有十餘間，總計學生不過二百左右。

地文要點　大霹靂境內之大部份，幾盡係豐沃之江河流域。境內河道，均被北部與東部之大山脈所包圍，而霹靂河則由北至南，縱貫全境。在北部與東部之邊境，全係連續不斷之山脈，其山峯之高度以五千至六千呎者最佔多數，達七千呎者甚少。沿海各部，盡爲叢莽沼澤所蔽，而介於威斯來與天定間之一部，則被許多河流裂成若干小島，在此等島上，亦盡係叢莽沼澤。

河流　霹靂河（Perak River）計長一七〇哩，發源於上霹靂區，南流至安順，由此折而西，水流入馬六甲海峽。沿河兩岸村落無數，惟較大之市鎮，則遠不如沿鐵道之多（安順與江沙爲沿河之要鎮，但亦在鐵道之旁。）

考本州繁盛之市鎮，其始均建設於鑛區內，後因興築鐵道，於是沿路市鎮開闢更多，此爲河旁缺少市鎮之理由之一。又霹靂河不能通航大輪，卽行駛於星洲與檳城間之近海輪船，亦不過至安順爲止（自河口至安順約四十哩）貨船駁船雖可上溯至百哩之遙，但由此再上，則水量極淺，水流湍激，一切船隻絕對無法行駛，此爲河旁缺少市鎮之又一理由。然此河對於本州仍有其可貴之價値，如積水之宣泄田畝之灌溉，惟此河是賴。設本州無霹靂河及其他之河道，則稻穀橡樹及其他農產物之種植，概難滋長矣。

關於霹靂河之主要支流，次要支流，及由主要支流所分歧之細流，列表如下：

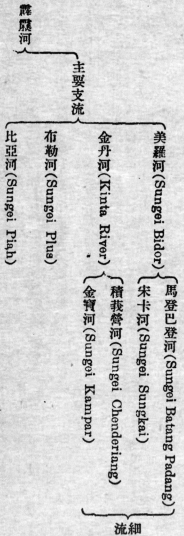

- 霹靂河
  - 主要支流
    - 美羅河(Sungei Bidor)
      - 馬登巴登河(Sungei Batang Padang)
      - 宋卡河(Sungei Sungkai)
    - 金丹河(Kinta River)
      - 積莪營河(Sungei Chenderiang)
      - 金寶河(Sungei Kampar)
    - 布勒河(Sungei Plus)
    - 比亞河(Sungei Piah)

（細流：馬登巴登河、宋卡河、積莪營河、金寶河）

次要支流
- 吉尼林河(Sungei Kenoring)
- 堪特朗河(Sungei Kendrong)
- 魯伊河(Sungei Rui)
- 靈牙河(Sungei Ringai)
- 的孟哥河(Sungei Temengor)

此外尚有高煙河(Krian River)爲本州北境之界綫，其支流有二：曰燕橋河(Sungei Ijok)曰士霓馬河(Sungei Selama)。古勞河爲供給高煙區內大蓄水池之重要河道，其支流有一，曰某拉河(Sungei Merah)。盤南河（Bernam River）爲本州南境之界綫，其支流有二：曰詩令河(Sungei Slim)，曰美朗河(Sungei Berang)。拿律河(Larut River)亦爲本州重要之河道。更有峨剌河(Sungei Gula)，西林新河(S. Selinsing)，十八燈河(S. Sapetang)大新伽河(S. Singa Besar)，杜朗河(S. Trong)，與査羅麥司河(S. Jarum Mas)等，則盡係較小之河流矣。

山　凡高大之山嶽，重要之峻嶺，均於大霹靂全圖上作有標記。惟本州山嶺極多，當分爲三類敘述之：

在本州之北部者有：

兵打山(Gunong Bintang)高三七五〇呎

易那司山(G. Inas)高五八九八呎

于魯瑞納山(G. Ulu Jerneh)高五一六八呎

堪特朗山(Gunong Kendrong)高四〇一〇呎

蘭格山(G. Lang)高三七五〇呎

于魯的得沓沙山(G. Ulu Titeh Basah)高四九九三呎

馬加山(Gunong Makar)高四九三〇呎

拉荷山(G. Laho)高三九二〇呎

篤羅山(G. Troh)高三六二〇呎

加柏山(Gunong Kabut)高四三三〇呎

杜孟古山(G. Tumangoh)高七一二〇呎

皮沙山(G. Besar)高五七二五呎
格拉山(Gunong Grah)高六八九九呎
屬於美林平山脈(Belimbing Range)之奴靈山(Gunong Noring)高六一〇〇呎
在本州之中部及在其東境者有：
婆婆山(Gunong Bubu)高五四三四呎
葛保山(G. Kerbau)高七一六〇呎
杭俠山(G. Yong Yap)高七〇九〇呎
杭勃拉山(G. Yong Blar)高七一三〇呎
伊勞山(G. Irau)高六九二〇呎
荏萬山(Gunong Chabang)高五六[illegible]呎
倍賡頓山(G. Bergantong)高四七四〇呎
屬於拿律山脈(Larut Hills)之希橋山(Gunong Hijau)高四七四八呎
考斐兒山高四五五八呎

自太平至考斐兒山之頂，有一優良之汽車道，計長九哩。山巔築有精舍供人休憩。稍下又有馬克斯維爾山(Maxwell's Hill)，其旁亦築有若干精緻之小屋。離考斐兒山之頂二哩處，有馬克斯維爾郵局及美麗之植物園，故西人咸認此處爲納涼之勝地。

在本州之南部者有：

蒲窮馬拉甲山(G. Bujong Malaka)高四〇七〇呎

別蘭本山(G. Berembun)高六七九〇呎

巴都菩提山(G. Batu Puteh)高六九八七呎

屬於詩令山脈(Slim Range)者有于魯涼山(G. Ulu Liang)高六三三五呎

海岸線　本州之海岸線，計自南境之盤南河河口起，至北境之高煙河河口止，惟天定除外。下霹靂區之一部份，即介於霹靂河與海邊及天定之間者，盡係沼澤區域，故迄今尚未開發。惟沿本部份海邊之種植事業，尚稱興盛，苟從實吊遠至里克(Lekir)之公路，如能直通安順，則將來此部份事業之發展，可計日而待也。而下霹靂區之介於霹靂河與盤南河之間者，則公路縱橫，農業茂盛，與上述之部份幾完全相反矣。

島嶼　在天定之北有若斷若續之島嶼甚多，隱約起伏直至古勞河河口方止。至介於此等島嶼間河流之名稱，已如上述。而島嶼之名，則概與河名相同，示之如下：

在島嶼中以杜朗島為最大，其次有蛾剌島、加隆濱島(Kalumpang Island)、西林新島、大新伽島、小新伽島(Pulau Singa Kechil)與巴西逸打島(Pasir Itam Island)等。此等島嶼全為保留森林區，間有漁村散佈於各島之海濱。

在霹靂河之河口亦有一羣小島，總稱曰森美蘭羣島(Sembilan Islands)。

土角　丹絨加泰（Tanjong Katak）適位於天定與大霹靂分界處之極南端，丹絨濕米(Tanjong Bras Basah)則在霹靂河河口之南。

海灣　在西林新島附近有一西林新海灣。

港口　安順為本州唯一之重要港口，由此有一鐵道支線與馬來聯邦鐵道之幹線相接，其接軌處即在金寶稍南之打巴路（Tapah Road)車站是也。次要之港口，有實吊遠、古勞港口(Kuala Kurau)、蛾剌港口(Kuala Gula)、砵衞與峇眼達督(Bagan Datoh)等，但運入此等港口之貨物，其總噸量尚不到安順之四分之一。

交通　行駛於檳城與星洲間之近海輪船，必定期停泊於安順，此爲本州惟一海上交通之所在。馬來聯邦鐵道，由威斯來至巴烈文打後，即爲大霹靂境，越南端之丹絨馬林後，則入雪蘭莪境。介於此兩站間之其他主要車站，共計有九：即峇眼色海(Bagan Serai)、太平、江沙、和豐、街場(Sungei Siput)、朱毛(Chemor)、丹絨紅牡丹(Tanjong Rambutan)、怡保、巴都牙也(Batu Gajah)、與金寶是也。

本州境內有鐵道支線三：一自太平至砵衛、二自打巴路至安順、三自怡保至端洛。在第三支線上，有三車站曰萬里霧(Menglenbu)，曰拿乞(Lahat)，曰布先(Pusing)者，其附近均係極大之錫鑛區域。

公路　一九二三年之初，在大霹靂境內已有碎石公路八七五哩，近以運貨載客之汽車非常發達，遂使本州之公路網，有迅速完成之勢。凡偏僻之市鎮，如依叻、十覽馬、及實吊遠等，苟不憑藉汽車之力，欲求到達，則其所費之時間，與所經之困難，當難以形容矣。

物產　金丹河流域及太平附近，爲錫鑛最富之區。橡樹除上霹靂區外，幾遍植全境。高煙與下霹靂兩區爲椰子之主要產地，而後者在馬來聯邦中，其椰子之產額更首屈一指。米除產於高煙區外，於江沙、拿律、上霹靂及下霹靂諸區，亦有出產。在霧邊有一新興之工業，即係陶器之製造。

入口貨　主要之入口貨爲米、油、糖、棉織品、家畜、煙草、酒、及鐵器等。

出口貨　主要之出口貨爲：錫米、橡皮、椰乾、米甘蜜、亞答檳榔、獸皮、鎢碩莪、藍靛、及籐等。

主要市鎮　太平昔爲華人鑛工羣集之處，今爲大霹靂之首邑，居民有三萬餘人，有博物院一、公園一、監獄一、教堂三、學校十餘間。而附近太平之馬克斯維爾山，又爲著名之避暑地，馬來聯邦之祕書長，大霹靂之駐劄官，及其他要人富人等，均有舒適之別墅，建於起自三五〇〇呎至四五〇〇呎之山凹間。又與此山貼近之考斐兒山，亦有精舍點綴其上。

怡保爲本州最大之市鎮，在馬來聯邦中居第二位，居民有五八八五七人。於此有報館一，大醫院一，學校及教堂若干，蓋此處爲大霹靂境內鑛產與農產聚集之中心也。又有紀念第一任駐劄官柏赤之石塔一座。而在吉隆坡火車站及怡保火車站附近之鐵路飯店，其建築之宏偉，設備之周到，堪稱東方罕見，

江沙有蘇丹之王宮，有馬來各邦總監之行轅，有馬來貴族學校等。安順爲本州之重要口岸。金寶爲鑛區大鎮。丹絨紅牡丹則有中央精神醫院 (Central Montal Hospital)。丹絨馬林則有馬

來教員養成所。巫結美利(Bukit Merah)則有高煙區之大蓄水池。而霧邊、端洛、布先、甲板（Papan）、傘乞、及萬里霧等，則均爲鑛區內繁盛之要鎮。

第十八章　雪蘭莪(Selangor)

歷史　於十四世紀時，巴生國(Klang)（現爲雪蘭莪之一區）爲馬奇八歇所征服。嗣後由馬六甲國之蘇丹指派領袖治理其地，後更成爲原始的森美蘭之一邦，其時巴生仍爲馬六甲之宗主國。至十八世紀時，有武吉斯人(Bugis)者屢次劫掠馬來半島之西岸，而武吉斯人中領袖之一，曾娶柔佛蘇丹之女，生有一子名曰魯莽(Raja Lumun)，彼於一七四三年，由大霹靂之蘇丹賦與雪蘭莪蘇丹之頭銜，彼卽治理斯土，興兵耀武。故在一七四三至一七四五年之間，雪蘭莪與荷蘭常發生戰事，惟後者因有強大之海軍，故屢操勝算。至一八一八年，雪蘭莪蘇丹始與英人訂約，准東印度公司在雪蘭莪貿易。從一八六七至一八七三年，有兩大領袖，以爭奪蘇丹之稱號，互相命戰。由此種競爭所得之結果，竟使雪蘭莪全境之貿易陷於停頓，同時沿海各地盜風甚熾，居民之生命財產，均遭威脅，於是海峽殖民地之政府進而干涉，其結果於一八七四年派一英駐劄官管理行政，因此雪蘭莪州亦歸英國統治矣。

境域　雪蘭莪北界大霹靂與彭亨，東界彭亨與森美蘭，南界森美蘭與馬六甲海峽，西界馬六甲海峽。

面積，人口　本州面積計有三一九五平方哩。據一九三一年之調查，共有人口五三三八七二人，其中華人佔二二七〇〇〇人，印度人佔一七五〇〇〇人，馬來人佔一二三八〇〇人。

雪蘭莪之面積比彭亨或大霹靂爲小，而其人口之密度，則在聯邦中第一。考大霹靂每方哩平均有居民九八人，森美蘭有九一人，彭亨祇十三人，而雪蘭莪則每方哩平均達一六九人。其原因一由於本州全境陸上之交通極其便利，二由於瑞天咸海口之重要，凡各國之大郵船、均在此卸貨，三由於聯邦政府設在本州之吉隆坡，故其居民之多，自可不言而喻。歐洲人之在本州居住者，約有三二〇〇人，幾佔馬來聯邦之歐洲民族總人口之半（馬來聯邦共有歐人六三七五人），其數實僅次於新加坡矣。

政府　關於聯邦政府之組織，已述於第十六章中。至出席於州議會之議員，計有十一人：卽蘇丹，英駐劄官，駐劄官之祕書，會長，墨遂，五位馬來官吏及兩位華人代表是也。

雪蘭莪之首邑爲吉隆坡（Kuala Lumpur），同時又爲聯邦之首府，計有居民一一一七三七八人。

區 雪蘭莪計分六區，其名如下：

瓜剌雪蘭莪區其首鎮卽爲瓜剌雪蘭莪(Kuala Selangor)

吉隆坡區其首鎮卽爲吉隆坡

于魯雪蘭莪區 (Ulu Selangor) 其首鎮爲吻思 (Rasa)

巴生區其首鎮卽爲巴生(Klang)

于魯冷吉區(Ulu Langat) 其首鎮爲加影(Kajang)

瓜剌冷吉區(Kuala Langat) 其首鎮牙几 (Jugra)

賦稅 本州對於出口之錫與橡皮等一律征稅，此外如雅片之專賣及地稅等，亦爲本州之主要收入。

教育 據一九三〇年之調查，本州共有英文學校三十二間，學生達六七八四人，其中最大者爲維多利亞中學(Victoria Institution)。馬來學校有八四間，學生祗六五八六人。太密爾學校有二三一間，學生祗七二三九人。

巳向政府註册之華僑學校，共有一三四間，學生達九〇三六人，其中三十間已受政府津貼，年得津貼費約共二萬六千元。受津貼之學校，須參加會考，如程度過低，政府得取消其津貼。華校中之最大者，爲吉隆坡之尊孔學校，巴生之共和學校等，程度自小學起至初中止。

地文要點　本州東境有一逶迤起伏之山脈，適成與彭亨之分界線。其中山峯之高，間有超過五千呎以上者。位於此等山嶽與鐵道間之本州之一部份，盡係山地。位於鐵道之西之部份，因有若干河流之灌漑，其地非常肥沃。考此等河流之水，全傾注於馬六甲海峽，其中除巴生河有若干哩可通輪船外，餘盡屬淺短之河道，不適於船舶之航行。

瓜剌雪蘭莪區之大部份，尚未開發，惟沿盤南河與雪蘭莪河之河岸，則農業尚盛。于魯雪蘭莪區除沿鐵道之一部份外，餘均亦未開發。在瓜剌冷吉區除東南西之三邊界，因有公路暢通，農業極盛外，餘亦盡屬荒蕪之地。吾人觀於此點，可知欲一國實業之發達，必須有便利之交通，否則一切物產，卽無由運往市場，於是士地不得不任其荒棄矣。

保留森林所佔之面積甚廣，在東境者以古都山(Bukit Kutu)森林區與于魯恭巴(Ulu Gombok)森林區爲最大。而橫亘於于魯雪蘭莪區南北兩部之保留森林，佔地亦廣。在巴生河口外之島羣亦係森林保留區惟佔地不若上述之大此等保留森林內，所產建築用之木材，及可爲燃料之木材，爲數極夥。

河流　盤南河爲本州北境之界線。稍南有丁宜河(Sungei Tinggi)，雪蘭莪河（Sungei Selangor）（支流爲嘉嶺河 Sungei Kerling)。中部有葫蘆河(Sungei Buloh)。再南有巴生河，此河經流吉隆坡與巴生兩區，在河口之數哩，可航大輪，至瑞天咸海口止。更南有冷吉河(Sungei Langat)（支流有拉蒲河（Sungei Labu)，新望月河（S. Semenyih）及布朗涅河(Sungei Beranang)，牙兀河(Sungei Jugra)。而詩棚河（Sungei Sepang）爲本州南境之界線。

島嶼　在巴生河之河口有小島一羣，其名如下：

開來島(Carey Island)　　魯麥島(Pulau Lumut)

巴生島(Pulau Klang)　　杏山島(Pulau Angsa)在雪蘭莪河河口之南

寨叻吉靈島(Pulau Selat Kring)　　賓都乾頓島(Pulau Pintu Gedong)

其打島(Pulau Ketam)

距巴生河口之島羣約二十哩卽爲一尋堤，上有燈塔，以便航海。

山　本州山嶺概在東部邊境，其名如下：

三岷谷山(Gunong Semangkok) 高五六〇〇呎

于魯三岷谷山(G. Ulu Semangkok)高四五七六呎

剌也山(G. Raja) 高五五二六呎

古都山(Bukit Kutu) 高三四八五呎爲避暑勝地

于魯加烈山(G. Ulu Kali)高五八二〇呎

天貓山(G. Temuan) 高五四五〇呎

花菓山(G. Bunga Buah)高四六八七呎

勤丁三坂山(G. Genting Sempah) 設有汽車站

西沙山(G. Sesak) 高四五六〇呎

愚安山(G. Nuang) 高四九〇八呎

大漢都山(G. Besar Hantu) 高四七九八呎

意淡山 (G. Hitam) 高三九七〇呎

士角 在盤南河之河口有丹絨騷(Tanjong Sauh)在魯麥河之河口有丹絨鹿(Tanjong Ru)。

海峽 介於巴生河口外島羣間之海峽有二：一曰巴生海峽，一曰魯麥海峽。

交通 鐵道 馬來聯邦鐵道之總機關設在吉隆坡，其工廠則在仙都(Sentul)。吉隆坡爲鐵道交通之中心，由此支路四出，通達各地。

馬來聯邦鐵道之幹線，達大霹靂屬之丹絨馬林後，即至雪蘭莪屬之叻思萬撓、轟埠(Kuang)、吉隆坡、新街場(Sungei Besi)及加影(Kajang)等，再往即入森美蘭境。在本州內之支線，計有下列數條：

一爲吉隆坡至瑞天咸海口(華人稱巴生港口)線，中經康諾脫橋及巴生鎮等。二爲康諾脫橋至雪蘭莪港口線。三爲轟埠至馬登丙底線。四爲吉隆坡至石巖線。五爲普渡至暗邦線。六爲蘇丹街至塞拉線。政府更擬巴生至毛里(Merib)築一支線，已測量完畢。

公路 公共汽車可由古毛(Kuala Kubu)直達三岷谷山道(Semangkoh Pass)，又可從吉隆坡至勤丁三板而入彭亨。在一九二三年之初，本州已有通行汽車之公路，共計七七五哩，故其陸上交通便利無比。

輪船　巴生港口在馬來聯邦中爲惟一可泊遠洋輪船之港口，於此有一鐵道，直達聯邦首府，計每日上下行之火車，有十餘次之多。此外更有近海輪船，逐日與新加坡或其他各埠互相往返。

物產　雪蘭莪爲一重要之鑛產區域，就中以錫鑛爲最主要之實業。沿鐵道兩旁，即在吉隆坡之南北兩方，其錫鑛最爲豐富，採錫之法，概用新式之機械。煤田以萬撓爲最多，每年產量時有增加。一九二一年之產量，已有三十萬噸。金鑛鎢鑛，在本州亦有開掘，惟產量遠不如錫之豐富耳。橡樹在農產物中最佔重要，而椰子、咖啡與稻等，亦多栽培。沿海漁業亦頗興盛，從事於漁業之漁民約有數千人。

入口貨與出口貨　主要之出口貨爲橡皮、錫、鎢、椰干、咖啡、魚乾及獸皮。主要之入口貨爲米、機器、汽車、鐵器、棉織品、煙草、鴉片、酒及牲畜等。

重要市鎮　吉隆坡爲聯邦之首都，故聯邦政府之辦公處，建築極爲華麗。又因此地爲鐵道總匯之區，故其火車站之規模，亦非常宏偉。在一八七〇年時，吉隆坡尙爲一無足重輕之鄉村，後以政治與交通等之關係，建設事業遂突飛猛晉，致造成今日之偉觀。據一九三一年之統計，此鎮人口已有一一一七三七人，在馬來聯邦中堪稱獨一。此鎮除有若干精美之公共建築物外，尚有內容豐富之博物院一，及植物園一。

瑞天咸海口或稱巴生港口，為聯邦中最重要之海口，現有居民六五〇〇人。巴生在本州中為第二大鎮，計有居民一五三八五人，雪蘭莪蘇丹之王宮，即建於此。毛里適瀕大海，於此有一海水浴場，將來鐵道通行以後，則可由吉隆坡及巴生直達此鎮。古毛有居民六一五〇人，凡旅客或貨物之欲往彭亨西部者，概須在此換車。惟由此至彭亨須經崎嶪(Gap)(山峽)，沿途山水湍急，頗多危險，故將來吻思有取而代之之勢。雙門丹(Serendah)與萬撓為鑛區要鎮。石巖(Batu Caves)風景清麗，有奇異之石鐘乳甚多，凡遊客之道經吉隆坡者，必坐車前往，一飽眼福。杜松鎮(Dusun Tua)有一溫泉，故為保養健康之佳地。加影有居民四千餘人，為本州鑛務與橡業之中心。雪蘭莪港口之四周，盡係橡園椰林，故亦稱重鎮矣。

第十九章　森美蘭 (Negri Sembilan)

歷史　在十四世紀時，屬於舊森美蘭之兩部，曰巴生及松崖烏窮者，爲建設在爪哇之印度王國馬奇八歇所滅。嗣後改由馬六甲國之蘇丹所統治。自一五一一年葡萄牙人佔據馬六甲後，統治森美蘭之直系承繼者，爲柔佛之蘇丹，但在事實上，柔佛國祇有一浮泛之宗主權而已。考原始的森美蘭，係由南寧(Naning)、松崖烏窮、巴生、林茂、義利坡、英那詩(Inas)（或稱其雷 Jelai）、由河（或稱巴慌比沙 Pasir Besar）、昔加密 (Segamat)及彭亨之一部份，即介於于魯色丁 (Ulu Serting) 與淡馬魯(Temerloh) 之間者所組成。（南寧現歸馬六甲殖民地，昔加密屬柔佛，彭亨之一部份現仍屬彭亨，故此等地名，不見於森美蘭全圖之上。）其時此舊森美蘭之全境居民極其稀少，於是明那加深國（在蘇門答臘）之移民，遂湧而來，至一七七三年時，此蘇門答臘之移民，選舉酋長米拉瓦 (Raja Melawar) 爲此邦第一任之銜督(Yamtuan)（較蘇丹爲低）但此種組織，仍不能阻止各部落間之互相殘殺。松崖烏窮、義利坡、林茂、及由河在舊森美蘭中爲最大之四部落，除由河外，其他三部落，常不聽衙督之指揮，並且彼等三部落間，亦時時發生釁隙。至一八七四年，英人遂干涉松崖烏窮之事務，並訂立若干條約，平服本部落二大領袖間之紛爭，其詳已述於第十五章中。至一八九五年，始聯合上述之四大部落及若干小部落，組成現代之森美蘭（Negri Sembilan 馬來語爲九州之意。）

面積，人口 本州面積共有二五七二平方哩。其北以雪蘭莪與彭亨爲界，東以彭亨與柔佛爲界，南以馬六甲與馬六甲海峽爲界，西以雪蘭莪與馬六甲海峽爲界。

據一九三一年之統計，本州共有人口二三三一〇〇人，其中馬來人佔一〇〇四〇〇人，華人佔八五〇〇〇人，印度人佔四四六〇〇人，歐洲人與歐亞混血人有一九〇〇人。

政府 關於聯邦政府之組織，已述於第十六章中。至出席於州議會之議員，爲馬來酋長，英駐劄官，及七位馬來領袖。

本州之首邑爲芙蓉（Seremban）。

區 本州共分五區，其名如下：

芙蓉區 其首鎮卽爲芙蓉

義利坡區其首鎮爲紅毛樓(Kuala Klawang)

瓜剌比勝區其首鎮卽爲瓜剌比勝 (Kuala Pilah)

沿海區 (Coast District)其首鎮爲波德申 (Port Dickson)

淡邊區其首鎮卽爲淡邊 (Tampin)

教育　本州有馬來學校七十一所，太密爾學校十餘所。英文學校之最大者爲芙蓉之聖保羅學校(St. Paul's School)學生有五百餘人。華僑學校之最大者芙蓉之中華學校，有學生三百人。

地文要點　本州之西半部，除靠近海邊一部份外，盡爲多山之區。山中之最高者爲愚安山，計四九〇八呎，此山爲雪蘭莪、彭亨、與森美蘭三州邊境之分界點。從愚安山及大漢都山而南高度漸降。下節所述之諸山嶺，形成一大山脈，本山脈自愚安山起，縱貫全境，直至淡邊乃止。再此山脈造成本州之分水嶺、屬於本州北部之義利坡與瓜剌比勝兩區內之河流，如地領河及色丁河等，均北流入彭亨，而河水盡傾注於彭亨河 (Pahang River) 內，由此再流入中國海。在本州東部之河流，如占堡河，其霄河，與其明千河等，其河水盡入蔴坡河(Muar River)，此河經柔佛州後，水流入馬六甲海峽。至林茂河，寧宜河，與詩棚河之河水，則直接流入馬六甲海峽。

此分水嶺有一奇異之點，讀者可於地圖中見之。近馬口(Bahau)車站附近有兩河矣，一名色丁、一名占僕，此兩河相距不過一哩，但色丁河之水，東流約一百五十哩而入中國海。而占堡河之水，則西流約七十五哩，而入馬六甲海峽。

本州之海岸線甚短，計自寧宜河口起至詩棚河口止，實即沿海區之海岸線也。惟本區在森美蘭中，農業最稱發達。

山　在本州之西境與北境者有：

培羊山(Bukit Payong) 高三五四九呎　　愚安山高四九〇八呎

大漠都山高四七九八呎

關於中央山脈(Central Range)者有：

于侖孔國山(Gunong Ulu Kongkoi) 高三一一八呎

潘拉耶山(Bukit Perajah) 高三三三八呎

的立巴浦羅山(Gunong Telepah Burok)高三九一五呎

別蘭本山(Gunong Berembun) 高三二九五呎

安西山(Gunong Angsi)高二七〇九呎

巴流山(Gunong Pasir)高二九三〇呎

平丹眼山(Bukit Bintangan)高二七六四呎

林茂山(Gunong Rembau)高二八九九呎

河流　水流入彭亨者有：地領河(Sungei Triang)與色丁河(Sungei Serting)。

水流入柔佛者有：蘇坡河，其支流有三：一曰占堡河(Sungei Jempol)二曰奇里河(Sungei Jelei)三曰其明千河(Sungei Gemencheh)。

水流入馬六甲海峽者有：寧宜河(Sungei Linggi)（支流爲林茂河，）路骨比沙河(Sungei Lukut Besar)，詩棚河(Sungei Sepang)。寧宜河爲森美蘭與馬六甲之一部份之分界線，詩棚河則在森美蘭與雪蘭莪之間。

拉加渡岬或稱丹絨端(Tanjong Tuan)，爲本州惟一之土角，波德申爲本州主要之口岸，惟小輪船則兼泊於路骨港口(Kuala Lukut)及北加浪金巴(Pengkalan Kempas)兩處，後者位於寧宜河之旁。

最大之保留森林爲別蘭本(Berembun)林區，地領(Triang)林區，巴蘇(Pasoh)林區，馬口林區，檻寮(Labu)林區，安西(Angsi)林區，及金馬士(Gemas)林區等。

交通　馬來聯邦鐵道之幹線，由雪蘭莪邊境而入本州，中經芙蓉、林茂、與金馬士、由此再往卽入柔佛境。

從芙蓉至波德申有一支線，以利海運。此外尚有一擬築之支線，自金馬士起中經野新、至馬六甲市止。此路築成後，可由馬六甲直達吉蘭丹。

東岸鐵道之在森美蘭境內者，計自金馬士起，中經馬口、亞益意淡(Ayer Hitam)，亞益畸零(Ayer Kring)，而入彭亨境。自馬口至瓜剌比勝、亦有一支線，中經占僆約西(Jumseh)、與浦蘭淮(Plangoi)。

由星洲開來之近海輪船，例須停泊於波德申。有若干土產，則自北加浪俞巴及路背港口輸出，由小輪船轉運出口。

公路　公共汽車可暢行於各主要公路。有一公路起自馬六甲，至淡邊後卽爲森美蘭境，前行可至瓜剌比勝，由此再上可直抵彭亨屬之文冬(Bentong)及淄剌士(Tras)。另一公路自波德申起，經芙蓉及義利坡區後，卽與上述之公路互相銜接。倘循此路向西北行，則可達吉隆坡。除上述之二公路外，在森美蘭境內更有不少完美之其他公路，分向各方。

鑛產　本州已開發之錫鑛，數亦不少。最多之處則在芙蓉附近，在通至沙都（Setul）與巴陰（Pajam）之公路近旁，亦係鑛區。此外在雪蘭莪邊境之勃魯牙（Broga），在義利坡區內與紅毛樓相近之地支港（Titi）及在瓜剌比勝相近之巴烈丁宜（Parit Tinggi），亦全係鑛區。

農業　沿海區幾完全開闢。在主要公路及鐵路之附近，農業亦極興盛，惟沿東岸鐵道之各地，至今猶未開發。

出口貨　本州主要之出口物為錫、橡皮、碩莪、甘蜜、及椰乾。次要之物產為米、檳榔子、及獸皮。惟米之產量在馬來聯邦中以本州為最少，故供求不能適應。

進口貨　本州主要之進口貨，為米、煤油、煙草、酒、棉織品、麪粉、牛乳、及脂肪等。

主要市鎮　芙蓉為本州之首邑，共有居民二一六四七人。波德申離芙蓉二十四哩半，陸有鐵道，水通輪船，故為貨物出納之要口，計有居民二七〇〇人。瓜剌比勝為本州第二大鎮，距芙蓉二十五哩，為瓜剌比勝區之首鎮，計有居民四一七〇人。於此有一支綫與東岸鐵道相接。紅毛樓為義利坡之首鎮，離芙蓉二十四哩。金馬士之重要，由於東岸鐵道以此爲起點，居民有一四〇〇人。淡邊位於馬六甲邊境，於此有一鐵道支綫，直達馬六甲市，至淡邊車站則建在馬六甲境內。地支港有居民一八〇〇人，屬義利坡區，其四圍盡係錫鑛，故亦爲要鎮。北加浪金巴爲一小港口，位於寧宜河旁，離河口尙有十二哩。咯骨與巴詩班讓(Pasir Panjang)亦係小口岸，土人船隻多寄泊於此。此外尙有勃魯牙、馬口、林茂、妮麗(Nilai)與文丁(Mantin)等，亦爲重要之小鎮。

第二十章　彭亨(Pahang)

歷史　在十三世紀時，彭亨爲蘇門答臘之巨港王國之宗主國。當巨港國及其殖民地新加坡於一三七七年爲爪哇之馬奇八歇國所破滅時，彭亨亦爲其統治。依據吾國史乘之記載，謂彭亨於十四世紀時，其首領曾有梵文之尊號，並曾實行殉葬之典禮。其後馬六甲蘇丹亦略取此地，於是馬六甲蘇丹之王族，爲彭亨之主人翁者，直至一六九九年始止。自此以後，馬六甲與柔佛之朋達哈拉(Bendaharas)（亦係馬來領袖之尊稱，其名位僅次於蘇丹）族系任爲彭亨之蘇丹。但武吉斯人於十七世紀時，竟以彭亨蘇丹刼至廖內(Riau)，而由廖內之蘇丹另委朋達哈拉，治理彭亨，視爲廖內蘇丹之代表。更後此種朋達哈拉逐漸成爲彭亨惟一之主宰。

於一八八八年，有一籍隸英國之華人，被殺於碧澗(Pekan)，海峽殖民地總督令朋達哈拉交出凶手，竟遭拒絕。後由柔佛蘇丹之忠告，方始屈服。同時英政府卽委一駐劄官於彭亨。至一八九五年彭亨始加入馬來聯邦，而以其主宰朋達哈拉升爲蘇丹。

面積，人口　彭亨在馬來各邦中面積最大人口最少。其面積共有一四〇〇〇平方哩，約等於大霹靂、雪蘭莪、及森美蘭三州之總和。據一九三一年之統計，本州共有居民一七九七九六人，計每方哩平均有十三人。丁加奴之交通更遠不如彭亨，然其平均每方哩之居民，則有二十九人之多。

彭亨全境計十九未曾開發，與馬來聯邦之其他各州互相比較，大有遜色。近以東岸鐵道縱通南北，汽車公路橫貫東西，故陸上交通已較前便利，則將來本州鑛產之發達，農業之繁盛，當可預卜。至本州河流之口，盡位於中國海海岸，河口多沙帶，輪船寄碇頗不方便，自十月至二月之季候風一起，則航行更感困難，所以本州之海上交通，在目前尚無法改進也。

居民之中以馬來人爲最多，計有一二〇〇〇〇人，華人約三九〇〇〇人，印度人與沙蓋人約各一〇〇〇〇人。

境域　彭亨北界吉蘭丹與丁加奴，東界丁加奴、中國海、及柔佛，其南與西以柔佛、森美蘭、雪蘭莪、及大霹靂爲界。

政府　聯邦政府之組織，已述於第十六章中，而列席於州議會之議員，爲攝政官一，英駐劄官一，及馬來領袖四位是也。

彭亨之首邑爲瓜剌立比(Kuala Lipis)，居民約有二九〇〇人。

區　彭亨計分六區，其名如下：

立比區(Lipis) 其首鎮爲瓜剌立比

笠埠區其首鎮卽爲笠埠(Raub)

文冬區其首鎮卽爲文冬(Bentong)

淡馬魯區其首鎮卽爲淡馬魯(Temerloh)，

關丹區(Kuantan) 其首鎮爲瓜剌關丹(Kuala Kuantan)，簡稱關丹碧澗區其首鎮卽爲碧澗(Pekan)

教育　本州共有英文學校四間，最大者爲文冬之英華學校。馬來學校有五十一間，計有男女學生約三千名。華僑學校以設在文冬及瓜剌立比者較大。

地文要點　本州沿中國海之海岸線共長一三〇哩，計自柔佛邊境之瓜剌慶樓(Kuala Endau)起至將近丁加奴屬之甘馬挽(Kuala Kemaman)止。考馬來亞之西海岸都係叢莽沼澤，而沿彭亨之海岸，其海濱全係潔淨之黃沙細石，實爲一天然之道路。

本州之西部與北部山嶺極多，除羅賓河(Sungei Rumpin)（在本州南部）外，所有境內河流，盡發源於此等山嶺。彭亨河(Pahang River)及其支流縱橫全境，支流中之主要者，爲帝龍河(Sungei Telom)，立比河(Sungei Lipis)及淡比嶺河(Sungei Tembeling)，均發源於馬來半島中最高之山嶺，此等河水順流而下，匯注於彭亨河幹流，再南行入本州之中部，至淡馬魯則另有三支流，曰詩文壇河(Sungei Semantan)，地領河(Sungei Triang)及勃拉河(Sungei Bra）者，亦與幹流相接，於是此幹流彭亨河折而東向，宣洩其水於中國海（上述之河流系統，讀者可參閱地形圖）彭亨河雖既長且闊，然河水極淺，與位於中央山脈西部之霹靂河相較，其爲用實有天壤之別，在彭亨河中，祇吃水極淺之小舟，方可行駛，惟沿河兩岸，無叢林密莽，此則與半島西部之河道完全不同者也。

山　本州山嶺之多已如上述，故分數類敍述之：

位於北境或相近北境者有：

美鵞山(Gunong Bedong)高度未悉。

大漢山(Gunong Tahan）高七一八六呎，爲半島中最高之山嶺。

于魯克焦山(Gunong Ulu Kechau)高六三五〇呎，適在大漢山之南。

玻璃市山(G. Perlis)高四二一一呎，班愚浦山(Gunong Penumpu)高三五九七呎，此二山在吉蘭丹邊境。

茄果山(G. Gagau)高四五二五呎，萬地安令山(G. Mandi Angin)高四七九四呎，地黃沙山(G. Diwangsa)高四五八七呎，于魯布洛斯山(G. Ulu Prus)高四七〇九呎，以上四山，在丁加奴邊境。

圖蘭山(G. Dulang)高三四九四呎，馬蓋山(G. Bakar)高四五四〇呎，一郎山(G. Irong)高三九〇〇呎，刺律師山(G. Laris)高三五〇〇呎，大筆師山(G. Tapis)高四九五八呎，以上五山在本州之東北部。

位於西境者可分兩類：

在彭亨與大霹靂之間者有：

杭俠山高七〇九〇呎　杭勃拉山高七一三〇呎

伊勞山高六九二〇呎　倍贗頓山高四七四〇呎

別蘭本山(Gunong Berembun)高六七九〇呎　巴都菩提山高六九八七呎
堪那必山(G. Kenapi)高五六五〇呎
聖高爾山(G. Sanggul)高五四六〇呎　于魯涼山高六三三五呎

位於彭亨與雪蘭莪之間者有：

三岷谷山高五六〇〇呎　于魯三岷谷山高四五七六呎　介于三岷谷與于魯三岷谷兩山之間，有三岷谷山道(Semangkok Pass)，吾人可由雪蘭莪經此山道，直達彭亨之淊剌士、笠埠及立比，

剌也山高五五二六呎　于魯加烈山高五八二〇呎
愚安山高四九〇八呎　大漢禡山高四七九八呎

位於瓜剌立比之南之笠埠區內者有：

巴拉斯山(Gunong Pallas)高五〇一三呎
文農山(Gunong Benom)高六九一六呎

位於本州之南境者有：

雀萬山(Gunong Chabang)高三一一五〇呎

普金山(Gunong Pukin)高三一七七呎

比沙巔伽山(G. Besar Tiga)高三四〇三呎

英政府曾於大漢山實地堪察，擬在山頂築一避暑所。並擬自瓜剌立比建一鐵道支綫，直達此山，以利遊旅。

在三岷谷山道附近之佛蘭色山(Bukit Fraser)上，建有平板屋(Bungalow)若干所，爲旅客駐足之用。

河流　在淡比嶺及其需(Sungei Jelai)兩河之匯合處，始稱彭亨河。此兩河各有細流若干，立比河卽其中之一，其餘細流可閱彭亨全圖。彭亨河有支流五：曰克洛河(Sungei Krau)、曰詩文壇河、曰地領河、曰勃拉河、曰黎巴河(Sungei Lepar)。而詩文壇河更有細流數條。

除上述之河流外，尙有關丹河(Sungei Kuantan)，其支流爲布辣河(Sungei Blat)。羅賓河其支流爲其蘭河(Sungei Jeram)及吉來登河(S. Keratong)。而慶樓河(Sungoi Endau)爲本州東南境之界線。

士角　本州有兩士角：曰咯蘭士角(Tanjong Glang)，曰淡比嶺士角（Tanjong Tembeling），均在關丹港口之北。

島嶼　本州沿海共有三小島：曰蓓哈拉島(Pulau Berhala)，曰刁曼島(Pulau Tiuman)，曰司利蒲島(Pulau Sribuat)，後二者以離岸較遠，故不見於本州全圖，讀者可閱馬來半島圖以研究其位置。

交通　彭亨有可通汽車之公路，約四百哩，可供步行及腳踏車之小道亦約有四百哩。從瓜刺立比至大漢山有一羊腸小徑，計長五四哩。公路中之最主要者，爲一橫貫東西之幹道，吾人可由新加坡或檳榔嶼雇一汽車，先至古毛，越三岷谷山道，後即入彭亨境，乃循此橫貫東西之幹道，可直抵關丹港口。在本州西部另有一公路，縱通南北，吾人可由芙蓉或吉隆坡坐車起程，中經文冬、淡刺士、筐埠，而達瓜刺立比。此外尚有擬築之公路二：一自關丹起至碧澗止，二自森美蘭屬之馬口起，至位於彭亨河旁之民底那村(Kampong Mentiga)止。

水道　本州計有清除障礙，可通土人船隻之水道，九六八哩。

鐵道　東岸鐵道自森美蘭境駛入彭亨，中經健美雄（Kemayon）、地蘭、瓜刺克洛（Kuala

Krau)、淡比嶺、瓜剌立比、及宻拉包(Merapau)諸車站後，即入吉蘭丹境。

輪船　近海輪船亦定期寄泊於彭亨港口，及關丹港口。但在東北季候風時期內，則貨物與旅客欲在彭亨港口起卸，極感困難。

物產　彭亨交通不便，運輸困難，故本州之富源，尚未十分開發。茲以其重要之物產示之如下：稻田之面積，較雪蘭莪為廣，但比之大霹靂尚望塵莫及。種稻最多之區，為淡馬魯、立比、與碧澗三區。錫米發見於于魯彭亨(Ulu Pahang)及沿海各地。彭亨統一公司(Pahang Consolidated Co.)有一錫鑛，掘至一二〇〇呎之深。金產於笠埠附近，惟產量極少，每年所值不過五十萬元而已。

出口貨　主要之出口貨為錫、橡皮、籐、魚、椰乾、木材、及獸皮等。

入口貨　主要之入口貨為米、鐵器、棉織品、煙草、沙籠(Sarong)（衣服之一種，用以圍身，）罐頭食品、火油、及酒等。

主要市鎮　瓜剌立比為本州之首邑，居民不足三千人。碧澗有蘇丹之王宮，離彭亨河口祇有六哩，居民不到一千人。關丹港口有居民三千餘人，為位於中國海之口岸，輪船可駛入港口，泊於碼頭。彭亨統一公司所有之錫鑛，即位於關丹之附近，此鑛產量之豐，在馬來聯邦中可居首位（就同面積言。）

笨珍埠有居民約二千人，爲金鑛工人聚集之中心。

文冬有居民約四五〇〇人，爲本州中最大之市集，同時又爲鑛業之中心。

淡馬魯、瓜剌克洛、及淡比嶺爲位於彭亨河旁之要鎭。

四 馬來屬邦 (Non-Federated Malay States)

第二十一章 馬來屬邦總論

馬來屬邦計有五州，其名如下：

一曰丁加奴其首邑爲瓜剌丁加奴(Kuala Trengganu)，

二曰柔佛其首邑爲新山(Johore Bharu)，華人常簡稱柔佛，

三曰吉打(Kedah)其首邑爲阿路士打(Alor Star)，

四曰玻璃市（加央）(Perlis)其首邑爲更嘉(Kangar)

五曰吉蘭丹(Kelantan)其首邑爲古打巴魯（新高打）(Kota Bharu)

讀者現當十分明瞭海峽殖民地，馬來聯邦，及馬來屬邦之區別矣。茲再總括簡述之：

（一）海峽殖民地爲英國皇家殖民地(Crown Colony)之一，已述於第十章中。總督由英

皇所委任。在檳榔嶼及馬六甲之主要長官，稱爲駐劄參事官(Resident Councillor)。

（二）馬來聯邦係聯合四州而成，彼等制定若干法律，共同遵守，而對於鐵道、郵政、電報、農業、礦務等等，亦由同一之聯邦政府負責處理。惟各州各有一蘇丹，及各有一英國駐劄官（British Resident)。至處理四州重要政務之英國祕書長(Chief Secretary)，則駐節於吉隆坡。

（三）馬來屬邦之各州，亦各有一蘇丹，及各有一英國顧問(British Adviser)，但彼等於行政上各自獨立，不相統屬，而不似馬來聯邦之有一中央政府也。

海峽殖民地之總督兼爲馬來聯邦及馬來屬邦之總監(High Commissioner)。

合上述之三大部份，即稱英屬馬來亞(British Malaya)。

第二十二章　柔佛(Johore)(參閱馬來半島全圖)

歷史　遠古之時，柔佛稱爲烏窮丹那(Ujong Tanah)，而臣服於巨港王國。於十四世紀時，柔佛與新加坡同一命運，均爲馬奇八歇所滅。稍後受馬六甲蘇丹之統治。至一五一一年馬六甲被奪於葡萄牙人後，其蘇丹卽移居於柔佛，自是以後，柔佛始完成國家之雛型。彼之主宰，對於荷蘭人非常莫逆，蓋藉此足以反抗葡萄牙人之侵略，而不得不視荷人有如彼等之救主也。在十八世紀時，柔佛王國常爲武吉斯人所蹂躪，於是彼之勢力日漸削弱。後柔佛蘇丹離柔佛而至廖內及龍牙(Riau and Lingga)(在新加坡南之小羣島)另委一官曰天猛公(Temenggong)者負治理柔佛政務之責。萊佛士於一八一九年之佔領新加坡，卽得其時之天猛公之允許。嗣後以荷人之煽惑，卽發生爭論，謂柔佛國之承繼權，是否屬於蘇丹之族系，抑屬於天猛公之族系，頗多疑問。換言之，若統治柔佛之承繼權屬於蘇丹，則英人之獲得新加坡不能成立。但英人堅認天猛公之允諾無破壞之理由，竟升任天猛公爲柔佛之蘇丹，而以新山爲其國之首邑。

一八八五年柔佛與英國訂一條約，凡柔佛之外交事務歸英國辦理，至其內政則仍維持獨立之狀態。考柔佛之發展始於蘇丹亞八加(Sultan Abubakar)登位之時，彼屢赴歐洲考察政治。至一八九五年彼公佈柔佛之憲法昭示民衆同年更作最後一次之旅行，而客死於歐洲矣。繼其位者，爲蘇丹勃拉沁(Ibrahim)，彼眷戀英國某醫生之寡婦，亦常作客倫敦，鮮問政務。

柔佛曾設一顧問部於倫敦，此機關至一九〇六年方撤銷之。一九一〇年以蘇丹之需要，海峽殖民地總督，遂委一英國事務官駐於柔佛。至一九一四年又因蘇丹之請，英政府遂派一高等顧問，駐節是邦，同時殖民地總督更同意於蘇丹之建議，另指定若干英人充州議會及行政議會中之議員，與法庭之審判官等。

柔佛蘇丹對於英國皇室之忠忱，世人皆知。當歐戰之際，蘇丹以飛機一隊獻呈帝國政府，即表示慇懃之意也。

境域　柔佛之北境，以馬六甲，森美蘭與彭亨爲界，東以中國海爲界，南以柔佛海峽爲界，西以馬六甲海峽，馬六甲及森美蘭爲界，

面積人口　本州共有面積七六七八平方哩。居民有五〇五三〇九人，其中馬來人有二八〇

八二〇人，華人有一七三六三〇人，印度人有四八三三〇人，歐洲人與歐亞混血人有一〇八〇人。本州人口之增加率在英屬馬來亞中最速，蓋在一九二一年時其居民總數不過二八二二三四人而已。

政府　關於政府之組織已略述如上。至協助蘇丹處理政務之機關，有州議會，大臣議會(Council of Ministers)，及行政議會等。而英國之高等顧問，則爲蘇丹最重要之輔弼。大臣之資格，限制甚嚴，須馬來人之信仰回教者方可充任，其數不得少於八人，多於十二人。出席於州議會之人員，計有大臣，主要官吏，及由蘇丹指定之本州德高望重之耆老等，此種耆老，卽非馬來人民亦有當選之資格。

司法　本州有最高法院，上訴法庭，及違警法庭等。

軍備　柔佛軍備渺小，無足稱道，但所有兵士，尚稱勇敢，計有步兵一隊，礮兵一隊。此外尚有歐洲人與馬來人組織之義勇軍。

郵電　本州郵政系統完全獨立。長途電話頗爲發達，本州內較遠各地，幾均有電線聯絡。如豐盛港(Mersing)與新山之間，距離頗遠，但亦有電話可通。電話總局設在新山。又新山與新加坡市亦可通電話。至本州之電報系統，則歸馬來聯邦管理。

區　本州計分七區其名如下：

在東部者有慶樓區(Endau District)與哥踏丁宜區(Kota Tinggi District)。

在中部者有昔加密區(Segamat District)，與新山區(Johore Bharu District)。

在西部者有蔴坡區(Muar District) 峇株巴轄區 (Batu Pahat District)，與龜咯區(Kukub District)。

教育　在新山、蔴坡、峇株巴轄、及哥踏丁宜(Kota Tinggi)等處均有規模宏大設備完善之華僑小學，而蔴坡之中華學校，則兼辦初中。英文學校亦均設於上述各鎮。至本州教育，亦歸殖民地之教育部管理。

在新山有一馬來貴族學校，其辦法完全與設於葫芦江沙者相同。馬來小學盡由柔佛政府設立，尚稱發達。

地文要點：

山　本州之大部份，幾盡係逶迤起伏之培塿，孤立之小山，幾隨地可見。山中之最高者，爲在蔴坡境內之與斐山(Mount Ophir)計高四一八七呎，英國生物學泰斗華來斯(A. R. Wallace)曾親至此山考察植物。勃崙脫山(Gunong Blumut)約在本州之中部，計高三三二一呎。昔加密山(Segamat Hills)近本州之北境，適成昔加密河與慶樓河之分水嶺。比沙嶺伽山高三四〇三呎，別蘭本山(Gunong Berembun)高二七五二呎，均在本州之北境。詩巴塘山(Sempadang Hills)位於蘇坡河與峇株巴轄河之間。在本州之南部者，有普來山(Gunong Pulai)高二一四一呎，適在鐵道之西。孟他哈山(G. Muntahak)高二〇八二呎，適在哥踏丁宜之北。

觀於上述諸山，吾人可知柔佛無高大之山峯，如介於大霹靂與彭亨邊境之間者。

河流　在本州東部之河，水流入中國海，其名如下：

慶樓河發源於昔加密山，成爲北境之界線，河長約等於本州闊度之半，惟其流域至今尙未測定。先布龍河(Sungei Sembrong)爲慶樓河之支流，河水灌溉於鐵道以東之本州之中部。沿豐盛港之流域，爲新近開發之農區與鑛區。此外尙有大素地利河(Sungei Sedili Besar)及小素地利河(Sungei Sedili Kechil)亦均在本州之東部。

在本州之南部者，有柔佛河(Sungei Johore)中經哥踏丁宜，沿河兩岸盡爲種植區域。利萬河(Sungei Lebam) 水流入柔佛河。普來河 (Sungei Pulai) 在鐵道之西。

在本州之西部者，水流入馬六甲海峽，其名如下：

蔴坡河發源於森美蘭境，縱貫蔴坡全區。其支流之在柔佛境內者有昔加密河 (Sungei Segamat)，其餘支流則在森美蘭境內。旗商河 (Sungei Kesang) 與金馬士河 (Sungei Gemas)亦爲蔴坡河之支流，爲本州西境一部份之界線（即馬六甲與柔佛及森美蘭與柔佛之分界線。）峇株巴轄河(Sungei Batu Pahat)位於本區之內，亦係重要之河道。其支流曰先布龍河者，適與慶樓河之支流遙遙相對，蓋一在鐵道之東，而一在鐵道之西也。

上述之河流除可駛極小之輪船外，其餘輪船概難通行。此外尚有若干較小之河道，讀者可閱地圖。

島嶼　近本州之東岸有小島一羣，其中主要者爲峇皮島(Pulau Babi) 丁宜島 (Pulau Tinggi)，先務島(Pulau Sibu)，庇門奇爾島(Pulau Pemanggil)及奧爾島 (Pulau Aur)（此島離岸頗遠，不見於圖）等。

近西岸者有龜咯島(Pulau Kukub) 及皮生島(Pulau Pisang)等。

士角　在第三章中所述之士角，有幾處即沿柔佛海邊。茲以本州士角之名稱示之如下：

在東岸者有班也明岬(Tanjong Penyabong)，石蘭太岬(Tg. Selantai)，丁加停岬(Tg. Tingaroh)，丹絨林婆(Tanjong Lembu)小素地利士角 (Tg. Sedili Kechil)，及寒太咸岬(Tg. Setajam)等。

在南岸者：有羅米尼亞岬(Cape Rumenia)，庇愛士角 (Tanjong Piai)等。

在西岸者：有獨夫士角(Tanjong Tohor)，昔勃丁士角(Tg. Seginting)，克大班士角(Tg. Ketapang)等。

海峽　介於新加坡島及柔佛州之間者曰柔佛海峽 (Selat Tebrau or Straits of Johore)。

交通　本州公路縱橫，頗稱便利。吾人可由新山雇一汽車，向西北行可至峇株巴轄、蔴坡、渡蔴坡河後，可直達馬六甲及馬來聯邦。自一九二三年柔佛海峽之間，築成長堤後，交通更形便利。馬來聯邦鐵道之幹線起自新山，北行經令金(Rengam)，居鑾(Kluang)，昔加密等車站後，即至森美蘭邊境之金馬士。自柔佛海峽聯以長堤後，此段鐵道更見重要，蓋來自檳城或來自東岸鐵道之旅客與貨物均可直達新加坡市而無須輪渡矣。本州更有一輕便鐵道，自蔴坡起至巴烈爪華(Parit Jawa)止。

近海輪船在峇株巴轄及蔴坡兩處，例必停泊，更可上溯柔佛河之一段。但柔佛除上述之三處外，無其他之口岸矣。

入口貨　雅片(Chandu)、米、油、酒、煙草與機器等，爲主要之入口貨。

出口貨　橡皮、錫、椰乾、檳榔子、甘蜜、木材等爲主要之出口貨。豐盛港與哥踏丁宜爲產錫區域，尤以前者產錫爲多。在公路、鐵道及江河流域之旁，種植事業極其興盛。

重要市鎮　新山爲本州之首邑，有居民二一七七六人。於此有莊嚴之回教堂，華麗之蘇丹王宮等。此王宮之一部份，如先徵求蘇丹之同意，可往參觀。

蔴坡(Muar)一稱萬打馬哈拉尼(Bandar Maharani)，居民有二〇二七〇人。峇株巴轄(Batu Pahat)一稱萬打班加蘭(Bandar Penggaram)，居民有一〇七四〇人。此二鎮爲本州重要之口岸，其規模僅略次於新山。

豐盛港、哥踏丁宜、東甲(Tangkak)、居鑾、昔加密及龜咯等，爲本州較小之市鎮。

第二十三章 吉打(Kedah)(參閱馬來半島圖)

歷史 在基督紀元之初，吉打為一佛教王國，其名曰蘭嘉蘇伽(Langkasuka)。阿剌伯人於九世紀時在此闢一口岸販運錫米。華人船隻亦常來泊搜買白錫。其時吉打已臣服於蘇門答臘之巨港國，而早無自主之權矣。自巨港王國及其殖民地新加坡於一三七七年為馬奇八歇所陷落後，吉打在名義上亦轉為馬奇八歇之宗主國。但是一二八〇年，即當暹羅奪獲李格(Ligor)(昔為暹羅一省)時起，暹人在馬來半島北部之勢力其強盛無與倫比，故事實上吉打為暹羅之屬國，馬奇八歇不過徒擁虛名而已。至一四七四年，伊斯蘭教(Islam)始流入吉打，其時此邦又成為馬六甲之宗主國。於一五一六年時，葡萄牙人發見吉打仍為暹羅之屬國。十七世紀之初，吉打沿海各地常遭葡人劫掠，同時吉打與大霹靂均在此時為蘇門答臘之亞齊王國(Acheen)所滅。在十七世紀之中，荷人與英人均在吉打競設製造廠(荷人在吉打設廠之時期自一六六九至一六七五年)。一七七〇年武吉斯人自雪蘭莪侵入吉打，洗劫其口岸。至一七八六年大佐拉愛脫經吉打蘇丹之允諾，爲東印度公司獲得檳城島，在一七九八年更佔領威斯來。

一八二一年暹羅毀滅吉打，並裂其國土爲四部：（一）仍名吉打，（二）曰玻璃市，（三）曰沙都(Setul)，（四）曰古彭巴蘇(Kubang Pasu)。其時吉打之主宰，逃避於英屬之威斯來。至一八四三年，此逃亡之主宰，得英人之援助，仍恢復爲吉打之蘇丹。沙都至今仍爲暹羅之屬地，玻璃市則爲獨立之馬來邦矣。

至一九〇九年，暹羅對於吉打及玻璃市之宗主權，始移交與大不列顛。古彭巴蘇則併入吉打北部，而爲吉打之一區。

境域　吉打北界玻璃市與暹羅，東界暹羅與大霹靂，南界大霹靂與威斯來，西界威斯來與馬六甲海峽。

面積人口　本州共有面積三八〇〇方哩，據一九三一年之統計，共有人口四二九六四五人，其中馬來人佔三十萬人。

政府　馬來蘇丹及英國顧問，爲統治本州之重要人物，另設州議會助理政務。

高等法庭由裁判官委員會負審理之責，此委員會中委員之一必須英人。此外尚有地方法庭

各區審判所等，

吉打之首邑曰阿路士打（Alor Star）位於吉打河（Kedah River）下游之七哩處，共有居民一五二四〇人。

區　本州共分九區，其名如下：

在北吉打者計有五區：

一曰蘭加維羣島（Langkawi Islands）區

二曰古彭巴蘇區

三曰巴登滔立（Padang Terap）區

四曰古打士他（Kota Star）區

五曰燕埠（Yen）區

在南吉打者計有四區：

一曰瓜剌墨達（Kuala Muda）區

二曰巴陵（Baling）區

三曰古林(Kulim)區

四曰萬打巴魯(Bandar Bharu)區

在上述之九區中其人口密度最大者爲古打士他區。

賦稅　鴉片專賣稅，及各項執照捐，佔本州賦稅總額之半。其餘一半爲關稅及地稅。

教育　設在亞路士打及雙溪大年(Sungei Patani)之華僑學校，頗爲優良。英文學校在上述兩處亦尙發達。全境馬來學生約有六千餘名。

地文要點：

山　主要之山爲仇霤山(Gunong Jerai)，或稱吉打峯(Kedak Peak)，高三九八七呎。山上有一避暑所。在吉打峯之東北有霹靂山(Bukit Perak)，高二八二三呎。在蘭加維島則有雷耶山(Gunong Raya)。

島嶼　蘭加維羣島中之最大者，爲蘭加維島(Pulau Langkawi)。較小者爲大洋文丁島(Pulau Dayang Bunting)及多柏島(Pulau Tuba)等。在蘭加維島之南岸有一海灣，稱曰巴詩海口(Bass Harbour)。

河流　墨達河(Muda River)奔流於南吉打，折而西流，適成本州與威斯來之分界線。梅保河(Merbok River)水流入馬六甲海峽，此河之口在墨達河河口之北不過數哩。高煙河在吉打南境，爲本州與大霹靂之分界線。

瓜剌墨達、古林、及萬打巴魯三區，盡受上述三河河水之灌漑，故此三區內橡樹及椰子之種植事業，在吉打全境首屈一指。

吉打河(Kedah River)河身甚短。惟此河有支流二：一曰安那武吉河(Sungei Anak Bukit)一曰巴登鴿立河(Sungei Padang Terap)，此二支流之流域尙廣。

交通　阿路士打與檳城之間，有小輪船時相往返，計六小時卽可到達。至本州內主要之市鎭間，有電話或電報互相聯絡。

公路　在吉打有一主要之公路，自阿路士打循此路北行，可入暹羅境，再上可直抵暹羅東岸之新谷拉(Singgora)(卽宋卡)。本公路在謙屈拉(Jitra)鎭有一支路可通玻璃市之更嘉。循此主要之公路自阿路士打南行，可達瓜剌墨達區之吉打鎭(Kota)，由此越墨達河，入威斯來，再折而東行，出威斯來境，可達吉打之巴陵，再前行可至上霹靂區之克羅(Kroh)。若出威斯來境後向南行，則可與馬來聯邦之公路網聯絡。

在古林與萬打巴魯兩區內亦有一碎石公路，與上述之主要公路互相連接，故此兩區內之交通亦極便利。

自亞路士打循馬來聯邦鐵路南行可抵威斯來，自阿路士打北行經玻璃市後，即入暹羅境，與暹羅鐵道接軌，再上可達曼谷。自暹羅之烏太浦(Ootapoo)至新谷拉有一支線，故吾人由馬來聯邦鐵道亦可直達新谷拉。

物產　瓜剌墨達、古林、與萬打巴魯三區，爲本州內橡皮與椰子之主要產地。而阿路士打之南與北，則爲種稻之區，除若干細流不計外，用以灌溉稻田之運河，約有二百哩，其中有一萬麥運河(Wan Mat Canal) 最爲著名。常可使附近之稻田內有充足之水量，再供給本州北部沿海各處居民之飲水，概來自吉打峯，其建築工程亦極爲偉大。

本州中最大之森林保留區，卽爲霹靂山森林區，適在吉打之中部。

米亦爲本州內主要之物產，每年輸出爲數頗鉅，其他之出口貨爲錫米、橡皮、西穀米、及椰乾等。進口貨爲煤油、糖、棉織物、麻布、沙籠、煙草及家畜等。

重要市鎮　阿路士打為本州之首邑於此有一華美之回教堂荷蘭航空公司之停機場亦建於此。而供給本鎮用水之構造工程，頗為偉大蓄水管連接之長度竟有二十哩之多也。華人通稱亞路士打曰吉礁。

較小之鎮有雙溪大年（居民五八〇〇人，）古林（居民四五〇〇人，）嚕吻(Lunas)、古打、及萬打巴魯等。

第二十四章　玻璃市(Perlis)(參閱馬來半島圖)

歷史　玻璃市在馬來各邦中土地最小，於一八二一年時，始有此稱。是年暹人將吉打國裂爲四部，玻璃市卽其中之一也。有一阿剌伯人名哈侖(Syed Harun)者，曾爲此邦之實在主宰，於是暹人推其子何新(Syed Husin)爲玻璃市之第一任酋長。現在此州之酋長，仍爲阿剌伯人之後裔。

一九〇五年，玻璃市酋長與暹羅政府，訂一協約，允許暹羅派一經濟顧問，駐於玻璃市。自一九〇九年英暹訂立曼谷條約後，暹人方以對於玻璃市之宗主權讓渡與英國，於是英政府委一顧問，駐於此州。

境域　玻璃市之北與東以暹羅爲界，南以吉打爲界，西以馬六甲海峽爲界。

面積　玻璃市共有面積三一六平方哩。

人口　據一九三一年之統計，本州共有人口四九二九七八，其中馬來人約佔四萬。玻璃市在馬來各邦中，雖面積最小，但其人口之密度極大，平均每方哩計有居民一五六人，其數僅次於雪蘭莪而已（雪蘭莪每方哩之居民爲一六九人）。

政府　本州之首邑曰更嘉（Kangar），離直民丁宜（Tebing Tinggi）約三哩，直民丁宜位於玻璃市河（Perlis River）之旁，爲本州之口岸。

出席於本州州議會之人員，爲玻璃市酋長英國顧問及三個馬來官吏。

賦稅　鴉片專賣稅地稅，及米與錫之出口稅，爲本州主要之賦稅。

交通　馬來聯邦之鐵道由吉打伸入本州之南境，越玻璃市邊境之巴登比沙（巴東峇轄）Padang Besar）後，即入暹羅。從星州、檳城及其他各埠開來之火車，必須通過本州後方可進至曼谷。巴登比沙離檳城九三哩，離曼谷九七四哩。

更嘉離鐵道尚有六哩，有一來自直民丁宜之公路，經過更嘉後可抵亞勞（Arau）車站，故更嘉得特此公路與鐵道連接。

碎石公路幾縱貫本州全境，自更嘉北行可抵格蓋武吉村（Kampong Kaki Bukit），東南行出本州邊境後可直抵阿路士打，故本州之汽車交通亦稱發達。

本州與檳城之間，更有定期輪船維持交通。凡輪船之吃水不超過七呎者，可駛入玻璃市河而達直民丁宜。

地形　本州北部爲多山之區，山中之最高者曰中華山(Gunong China)高二三七四呎，爲馬來亞極北端之山嶽。

物產　環繞於更嘉之周圍者，多係稻田，在本州之西北部，則爲鑛區，主要之物產爲米、魚、家禽、蛋、及錫米等。在石灰岩山洞中產海鳥糞(Guano)極多。

進口貨除煙草、酒、及煤油等外，餘均無正確之統計。

第二十五章　吉蘭丹(Kolantan)(參閱馬來半島全圖)

歷史　在趙汝适所著之諸蕃誌一書中（此書著於一二五〇年），謂吉蘭丹曾臣服於三港王國。據爪哇編年史之記載，謂於十四世紀時，吉蘭丹又爲馬奇八歇所征服至本州之口岸，則曾載明於十六世紀時葡萄牙人之地圖上，嗣後吉蘭丹與大年(Patani)（現爲暹羅之一部）即無人稱道，直至一七八〇年吉蘭丹始淪爲暹羅之屬地。

自一九〇三至一九〇九年，暹羅政府派一顧問駐於斯邦，此顧問係英國人。至一九〇九年暹羅始以其宗主權轉讓與英國。聞遠古之時，華人鑛商曾常至此州探尋金鑛，其事信而有證。現吉蘭丹有一重要之公司，名曰特夫發展公司(Duff Development Co.)，得政府讓與之地有五萬英畝，考吉蘭丹近年之進步，即此特夫公司開發之功也。

面積　吉蘭丹有面積五八七〇平方哩。據一九三一年之調查，共有居民三六二六二二人，其中馬來人佔百分之九十以上。彼之境域，北以暹羅與中國海爲界，東以丁加奴與中國海爲界，南以彭亨爲界，西以大霹靂爲界。

政府　州議會係由本州蘇丹，英國顧問，英國副顧問，及十位馬來參事官所組成。

本州之首邑爲古打巴魯(Kota Bharu)，居民約一三〇〇〇人，適位近於吉蘭丹河(Kelantan River)之河口，而與暹羅之電報網互相連接。

吉蘭丹之口岸爲道北(Tumpat)，居民約二九〇〇人，來自新加坡與曼谷之輪船常寄泊焉。

區　本州共分三區：曰古打巴魯區，曰巴剎菩提（華僑名白沙）(Pasir Puteh)區，曰于魯吉蘭丹(Ulu Kelantan)區。

賦稅　本州主要之歲入爲鴉片稅、關稅、及地稅三項。

教育　本州外來移民不多，故外僑教育未見發達。華人於古打巴魯有規模較備之小學外，在別處者多苦簡陋。英文教育亦極不發達，惟馬來學校以馬來居民衆多，故爲數不少。

地文要點　本州全境之六分之一，卽沿海之部份，幾盡爲肥沃之平原，故均在墾植之中。其內部雖無崇山峻嶺，但全係山地，故至今猶未盡開發。

河流　本州之大部份皆受吉蘭丹河及其支流之灌漑。其支流之主要者，爲伽拉斯河 (Sungei Galas)，寧·吉利河(Sungei Nenggiri)褒高河(Sungei Pergau)（此二河實爲伽拉斯河之支流）及麗泊河(Sungei Lebir)等。此等支流更有細流無數，分注各方。

高廬河(Sungei Golok)爲吉蘭丹與暹羅之分界線。吉蘭丹河，金馬仙河(Sungei Kemassin)及細密拉河(Sungei Semerak)之河水，均傾入中國海。巴利菩提鎮，適位於細密拉河之旁。

山　（一）在本州之南境者有：美騰山、大漠山、玻璃市山及班愚浦山等。以上諸山已述於彭亨章內。

（二）在本州之西境者有沙立山(Gunong Salih)、篤羅山、奴靈山、杜孟古山、格拉山及杭俠山等。以上諸山已述於大霹靂章中。近美林平山脉而位於本州之內者有：雪冬山（Gunong Sitong)，計高六〇〇〇呎。亞咸山(Gunong Ayam)；計高五一〇〇呎。

（三）在本州之東境卽介於本州與丁加奴之間者有：井大華沙山(Bukit Chintawasa)高二八七四呎，大明山(Gunong Temiang)高四〇八二呎。

交通　東岸鐵路(East Coast Railways)之在本州境內者，幾全沿吉蘭丹河及伽拉斯河建築，計自道北起，中經古打巴魯，巴剎馬司(Pasir Mas)瓜剌崎麗(Kuala Krai)，及卧亞摩篁(Gua Musang)等諸車站後，卽入彭亨境內，再下至金馬士郎與馬來聯邦鐵道接軌。此線於一九三二年春始完全通行。自是以後，吾人如由新加坡欲至古打巴魯，可無須假道於暹羅矣。自巴剎馬司起，有一支線越高盧河至蘭洮班讓後，卽入暹境，與暹羅鐵道接軌。吾人如由檳城欲至古打巴魯，則可循此線，非常便利。

水道　吉蘭丹河可通行小汽船之長度，計有八十哩，惟其河口有一沙帶，常阻礙汽船之出入。一年之中有九個月沿海風浪極小，惟自十月至二月，則常有大風浪，船隻行駛，殊多危險。

公路　巴剎菩提與古打巴魯間之公路，計長二十五哩，建築極爲完善。自巴剎菩提起，有一驛道可通海邊之細密拉(Semerak)。自古打巴魯南行之公路，可至瓜剌崎麗，計長四十三哩，此鎮爲于魯吉蘭丹區之重鎮。此外尚有公路及驛道多條，正在建築中。

物產　本州蘊藏之鑛產究有多少，尚未完全測知。錫鑛及金鑛在開發中者已有多處。漁業及織造沙龍，爲本州重要之工業。

出口貨爲橡皮、椰乾及檳榔子。主要之進口貨爲煙草、鴉片、棉織品、煤油、米糖，及牛乳等。

第二十六章　丁加奴（Trengganu）　（參閱馬來半島圖）

歷史　據趙汝适所著諸蕃誌一書中之記載，謂丁加奴曾爲蘇門答臘之巨港國之屬地。於十四世紀時，亦爲爪哇之馬奇八歇國所滅。在十八世紀之初，柔佛蘇丹（屬於馬六甲之朋遂哈拉族系）曾爲此邦之主宰，嗣後丁加奴之蘇丹，均爲此主宰之後裔。於一七二〇年時，丁加奴大遭武吉斯人之蹂躪。以後即依附於柔佛，再後爲暹羅之屬國。至一九〇九年，暹羅始放棄其宗主權，丁加奴遂歸英國保護，由英政府委一事務官駐於此州。同年將事務官之名位廢除，另派英國顧問，駐節於丁加奴。

統治丁加奴者爲蘇丹，另有英顧問，英國副顧問，及州議會（出席於議會之人員有六）等協助蘇丹，處理政務。自一九二〇年起，另設歐洲政務人員數名，幫助顧問。

面積及其他　吉打、玻璃市、吉蘭丹、及丁加奴四州，在昔均爲暹羅之屬地，至一九〇九年始歸英國保護。此四州之中，以丁加奴之面積爲最大，計有六〇〇〇平方哩。本州之北與東，以中國海爲界，南以彭亨爲界西以彭亨與吉蘭丹爲界。全境人口計有一七九六六四人，其中馬來人佔百分之九五。而此總人口中之一半，均宅居於丁加奴河(Sungei Trengganu) 流域。

首邑曰瓜剌丁加奴(Kuala Trengganu)適位於丁加奴河之河口，居民有一四五〇〇人。

區　丁加奴計分五區，其區名隨河名而來，示之如下：

一曰美塞(Besut)區　二曰瓜剌丁加奴區　三曰龍運(Dungun)區

四曰寗社(Kretay)區　五曰甘馬挽(Kemaman)區

丁加奴境內之河流，其河口概爲沙帶所阻，故形勢非常險惡，在東北季候風期內，輪船航行，萬分困難。而上述各區又無公路爲之聯絡，故對於施行政務亦常有不少之困難矣。

賦稅　鴉片公賣稅、賭博稅、酒稅、及關稅等，爲本州賦稅之來源。

教育　在瓜剌丁加奴及甘馬挽兩處有規模較備之華僑小學，校舍均係另建，學生亦尚發達。英文教育在本州中不甚發達，馬來學校則爲數不少。

交通　本州沿海交通，尚稱相當便利，所有河道，則對於土人之船隻亦可通行。惟陸上交通，萬分不便，除於瓜剌丁加奴及甘馬挽兩處，有極短之公路外，餘盡係驛道。至於鐵路亦未興築。政府現已測定若干公路路線（參閱地圖，）從事建築完成以後，則陸上之交通，亦可便捷矣。

來自星洲之輪船，例寄碇於瓜剌丁加奴，有時在富社，美塞，及甘馬挽三處，亦常停泊。與暹羅及交趾支那之互相貿易，則全恃中國民船或馬來帆船，為之轉運。當氣候極佳之季，在瓜剌丁加奴與甘馬挽之間，則有小汽船互相往返，至本州之電話及電報事業，亦不能普遍全境，各鎮之間，幾無電話或電報為之聯絡。

地文要點：

河流　本州河流極多，灌溉全境，不若吉蘭丹之祇有一大河，藉以挹注也。凡本州內河流之水，盡傾入於中國海。茲以本州內主要之河流，示之如下：

一為丁加奴河，其支流有二曰尼羅斯河(Sungei Nelus)，曰的立夢河 (Sungei Tolemong)。二為龍運港 (Sungei Dungun)。三為甘馬挽河 (Sungei Kemaman)，其支流有二曰濟喀河(Sungei Chorol)，曰約薪河 (Sungei Jabok)。

除上述之河流外，尚有美塞河 (Sungei Besut)，詩吊河 (Sungei Stiu)，（支流為大龍河 Sungei Tarong)，馬浪河(Sungei Marang)，茂昌河 (Sungei Merchang)，百加港(Sungei

，Paka)富社河(Sungei Kretay)及金馬霏河(Sungei Kemasik)等。

土角　關於本州之土角已述於第三章中，茲再列舉之：

丁加奴岬(Trongganu Head)	北岬(North Cape)　即龍運岬
中岬(Middle Cape)　即納閩岬	南岬(South Cape)　即潘女珠岬

島嶼　離詩吊河河口不遠，有連達峯島(Redang Group)，其中最大者曰藍丁加島(Pulau Latinga)，曰大連達島，曰小連達島(Little Redang)。離北岬不遠，則有丁哥爾島。

山　本州之山盡在西境，即介於彭亨、吉蘭丹與本州之間者也，其名如下：

天明山高四〇八二呎	井大華沙山高三八七四呎
茄果山高四五二五呎	萬地安令山高四七九四呎
于魯布洛斯山高四七〇九呎	地黃沙山高四五八七呎
馬蓋山高四五四〇呎	

物產　本州鑛產極富，惟以交通不便，致不能大量發掘，目前開發者，祇少數之錫鑛而已。椰樹之種植，為本州主要之農業。從事於漁業之人民，亦有相當之數目。織造沙龍，為土人之重要職業。在

富祉有一極大之椰子園及橡樹園，佔地一七〇〇〇英畝。捨此以外，尙有較小之椰林及膠園不少。稻田雖亦有多處，惟所產之米，不足供本州之用。

出口貨除魚乾、錫米、橡皮、椰乾、及檳榔外，尙有丁加奴著名之絲織沙籠及棉織沙籠。

入口貨爲棉織品、米、絲、煙草、及煤油等。

市鎮　本州內地無重要之市鎮，其比較重要而規模稍大者，概位於河流之口，故河名卽係鎮名，例如瓜剌馬浪(Kuala Marang)，瓜剌百加(Kuala Paka)，瓜剌龍運(Kuala Dungun)等是也。

在廿馬挽河之河口，有朱璘鎮(Chukai)者，爲本州中第二大鎮，居民有三八〇〇人。在美寨河之下游，卽離美寨河口數哩處，有一雷耶村(Kampong Raja)，於此設有渡口，便民過河之用，故亦稱重要矣。

五　馬來羣島（Malay Archipelago）（附）

第二十七章　馬來羣島總論

環繞於馬來半島之東南西三面而介於起自赤道之南十度至北二十度之間者，爲一浩瀚無垠之大洋，其中島嶼之多不勝枚舉。計此等島嶼所佔範圍之廣大舉世無匹，透迤南北之闊有六百至二千哩，棉亙東西之長有四千五百哩。此廣大無倫之島羣，西起於蘇門答臘，東止於所羅門羣島(Solomon Islands)，南起澳大利亞，北括菲律賓羣島。

馬來羣島之總人口約有七千萬人，其中四千[illegible]百餘萬人在爪哇，一千萬人在菲律賓。

此等島羣被左列之各國所統治：

一、爲荷蘭人所統治者有爪哇、蘇門答臘、婆羅洲（砂勝越，渤泥或稱汶來，及英屬北婆羅州除外，）西里伯，新幾尼亞之一半，及其他較小之羣島（名稱見後）等。

二、為英人所統治者：有英屬北婆羅洲、砂勝越、渤泥、及英屬澳大利亞代管之新幾尼亞之一部。

三、名雖自治而事實上仍為美國所操縱者，為菲律賓羣島。

在此廣大之島羣間，其語言之複雜，自可不言而喻。據華來斯之調查，計有五十九種之多，其中常用者有三十三種。就中最普遍之語言或為爪哇語，蓋能說爪哇語之人民，約有二千四百萬人之多也。但在沿海各口岸及商人間所最通行之語言，則盡為馬來語。

上述之島羣，其數既如是之多，範圍既如是之廣，欲錫一總名，其勢甚難，惟依習俗相沿，及語言上之關係，吾人常統稱婆羅洲、爪哇、蘇門答臘、及其附近之許多島嶼曰馬來西亞（Malaysia）。至馬來半島，通常亦列入馬來西亞之中，讀者應注意矣。

吾人基於上述之理由，其研究範圍，祇限於不越新幾尼亞之東，與不越菲律賓羣島之北。

馬來羣島之範圍既廣且大，故為便利研究起見，更將馬來羣島析成若干名稱，示之如下：

菲律濱羣島計包有呂宋島（Luzon），棉蘭老島（Mindanao），三馬島（Samar）及其他之若干小島等。

在新加坡之東北者，有那土那羣島（Natunas），及亞南巴羣島（Anambas）等。

在新加坡之南者，有廖內及龍牙二小羣島(Riau-Ringga Group)。

巽他羣島(Sunda Islands)包有蘇門答臘，爪哇，蘇利(Bali)（峇厘）琅波克（龍目）(Lombok)，松巴瓦(Sumbawa)，佛羅理(Flores)，的摩爾(Timor)（帝汶）等。

摩鹿加羣島(Moluccas)包有濟羅羅島(Gilolo)，西蘭島(Ceram)等。

此外尚有小羣島若干，難以盡述。

海　介於各羣島間之海，其名如下：

介於亞洲大陸及婆羅洲與菲律濱之間者，爲中國海(China Sea)。

介於爪哇及婆羅洲之間者，爲爪哇海(Java Sea)。

介於婆羅洲與菲律濱之間者，爲蘇祿海(Sulu Sea)。

介於西里伯與菲律濱之間者，爲西里伯海(Celebes Sea)。

在摩鹿加羣島之南者，爲邦達海(Banda Sea)。

介於西里伯與佛羅理之間者，爲佛羅理海(Flores Sea)。

介於的摩爾與澳大利亞之間者，爲的摩爾海(Timor Sea)。

介於新幾尼亞（巴布亞）與澳大利亞之間者，爲亞拉佛拉海(Arafura Sea)。

海峽　主要之海峽，其名如下：

介於馬來半島與蘇門答臘之間者，曰馬六甲海峽。

介於蘇門答臘與爪哇之間者，曰巽他海峽(Sunda Strait)。

介於蘇門答臘與邦加島（Banka Island）之間者，曰邦加海峽(Banka Strait)。

介於勿里洞島(Billiton Island)與婆羅洲之間者，曰加里馬達海峽(Karimata Strait)。

介於爪哇與蔴利（峇厘）之間者，曰峇厘海峽(Bali Strait)。

介於婆羅洲與望加錫（Macassar）之間者，曰望加錫海峽(Macassar Strait)。

介於婆羅洲與巴拉望(Palawan)（屬菲律濱羣島）之間者，曰巴拉巴海峽（Balabac Strait)。

介於新幾尼亞與澳大利亞之間者，曰托來斯海峽（Torres Strait）。

除上述之海峽外，在新加坡以南之小羣島間，尙有海峽若干，曰廖內海峽，蘇奇（Suji）海峽、榴槤（Durian）海峽，及充寶（Chombol）海峽等。

山 馬來羣島之大部份全係崇山峻嶺及活動之火山，而蘇門答臘與爪哇兩島又爲舉世聞名之活動火山區。在東爪哇之勿里達(Blitar)附近有一火山曰克洛脫(Kloet)者，爆發於一九一九年，四圍居民之死亡者達數千人。

在爪哇有高過九千呎以上之山峯不少，其中最著名者，爲士拉馬山(Gunong Slamat)及先密盧山(Gunong Semero)，此山高達一二三〇〇呎。

在蘇門答臘最著名之山峯，爲英特拉浦峯(Gunong Indrapura)，高一一二五〇呎。

婆羅洲著名之山峯，係在英屬北婆羅洲境內，名曰金納峇魯山(Mount Kinabalu)高達一三四五〇呎。

交通 此等島羣間之交通全恃輪船，輪船中之大多數概來自新加坡及巴達維亞（吧城）(Batavia)。凡來自歐洲及美洲之遠洋輪船，常寄碇於吧城、納閩、打根(Sandakan)及岷尼剌(Manila)等大埠，至航行於新加坡及澳大利亞間之輪船，對於沿途經過之大埠亦必停泊

第二十八章　荷蘭屬地

荷屬東印度羣島(Netherlands Indies cr Dutch East Indies)簡稱荷印，括有下列數部：

最大之島爲爪哇、蘇門答臘、婆羅洲之一部份，新幾尼亞之一部份，及西里伯等。

較小之島羣則有下列數部：

亞南巴羣島及那士那羣島，則在新加坡之北。

廖內及龍牙羣島則括有加里蒙（Karimon），萬丹(Batam)兵打(Bintang)，龍牙（Lingga），與新及羣島（Singkeps）等則在新加坡之南。

邦加島及勿里洞島則在新加坡之更南。

衞島(Pulau Weh)則在蘇門答臘之北。

尼亞士島（Pulau Nias）及其他小島則在蘇門答臘之西。

馬都拉（Madura）、峇厘、琅波克、松巴瓦、佛羅哩、松巴（Sumba）及的摩爾等則在爪哇之東。濟羅羅，布魯（Buru）及西蘭島等，則屬於摩鹿加羣島。

此外尚有其他小島，難以悉舉。

此等羣島均為荷蘭（Holland）所有，其總面積有七〇〇〇〇〇平方哩，約為荷蘭本國面積之五十八倍。其總人口有五千六百萬人，約為荷蘭本國居民之八倍。蓋荷蘭之於歐洲，本一小國，其面積不過一二五八二方哩，而人口不過六四四九〇〇〇人也。

荷屬東印度羣島之首府，設在爪哇之吧城。處理政務之最高長官，稱曰總督，其專司華人事務之長官，則曰澳務司。又為行政上之便利起見，將所屬島羣，劃成若干行政區（Residency），每區設一駐劄官，統治一切。

荷蘭屬地中之最主要者為爪哇島，蘇門答臘島，及荷屬婆羅洲等，試分述之。

爪哇（Java）

爪哇（附馬都拉）有面積五〇七五〇平方哩，約與英國統治之馬來亞相埒。據最近之統計，共有人口四一七一九五二四八人，其中華人佔五八三三六〇人，歐洲人有一九三六一八八人，土人有四〇八九〇二四四人，其他五二三〇二人。至爪哇島之長爲六六八哩，最闊之處有一二五哩。

爪哇於基督紀元之初已深染印度之文化，其證據確鑿令人無疑。約於一四〇〇年時，其大部份之土民始受回教之洗禮，直至今日其風勿改。爪哇直接歸荷蘭統治，始於一八一八年，但荷蘭東印度公司之設立於爪哇，則在此時期以前之二百年也。

爪哇風景之美麗，常爲世人所稱道，『東方之樂園』卽吾人錫與此島之佳名也。於此有清幽之景色，有驚奇之火山，而建設於各處山巔之避暑所，則更香氣涼爽，使人流連忘返。至關於灌溉工程之建築，亦極盡奇巧之能事。凡供給灌漑之水，大都引自較低之山頂，故全境田地幾均可種植。

市鎮　吧城爲荷屬東印度羣島之首府，行政總機關卽設於此。同時此地又爲重要之口岸，凡世界各國之郵船，常來此停泊，而與荷蘭本國則更有定期郵船，準時往返。吾國之總領事館亦設在吧城。

茂物(Buitenzorg)離吧城不遠，吾人如坐火車約一小時卽可到達。於此有總督之私邸，有舉世聞名之植物園，害佛士夫人之坟墓卽在園中。園建於一八一七年，在其入口處則有一博物院，內藏標本亦極豐富。

萬隆（Bandoeng）亦沿鐵道。市內公共建築物及私人之住宅，其外形幾全仿歐式。至此地之氣候，又極合於衞生。

婆羅浮屠(Boroboedoer)(華僑稱佛塿)多佛教古蹟，遊客到此，常依依不捨。

三寶壠（Senarang）係爪哇北部之口岸，爲已故華僑黃仲涵發祥之地。日惹（Djokja-karta)與北加浪岸(Pekalongan)亦爲重要之城市，泗水(Soerabaya)在爪哇島之東端，爲本島中最大之商埠。

爪哇劃成十七行政區，馬都拉島即爲行政區之一，其首鎭曰巴米加山(Panekasan)亦係重要之城市。

島中居民頗爲複雜，有爪哇人(Javanese)，巽他人(Sundanese)，馬都拉人(Madurase)，馬來人、荷蘭人、歐亞混血人、印度人及華人等。而華人之數，則遠不如馬來半島之多，以其入口頗難也。

交通　爪哇島上交通極其便利，公路鐵道幾縱橫全境，無遠勿屆，計鐵道之長有三千餘哩。荷蘭航空公司之飛機，亦定期往返於阿姆斯特丹與爪哇之間。

物產　爪哇居民稠密，故種植事業備極發達。其主要之物產爲米、咖啡、糖、茶葉、煙草、椰乾、金鷄納霜、藍靛、香料、麻、栗木及橡皮等。

教育　爪哇之華僑學校尙稱發達，八帝貫（吧城）中華學校有學生千人，程度自小學起至高中止。此外於泗水、三寶壠、日惹、萬隆、井里汶(Cheribon)、瑪瓏(Malang)等處，亦均有完善之中華學校。

蘇門答臘(Sumatra)

蘇門答臘島與馬來半島並行，位於北緯五度三九分，與南緯五度五七分之間，故幾爲赤道所平分。其面積共有一六七九五四平方哩，全長一〇六〇哩，最闊之部份達二四八哩。約有居民六百萬人，其中以馬來人、峇答人(Battaks)及亞齊人(Achinese)最佔重要。

峇答人概環居於實武呀(Sibolga)，都巴湖(Lake Toba)（華僑稱淡水湖）及卡羅高原(Karo Plateau)三處，共有五十萬人，其中一二五〇〇〇人爲回教徒，八萬人已改宗基督教，餘盡爲異教徒。峇答人之居屋，結構頗爲精美，吾人對此，每生無窮興趣。此種民族，性質非常和平，概從事於農業及豢養家畜等。

亞齊人概宅居於蘇門答臘之東北部，此種民族，於十三世紀時組成一國，名曰亞齊王國（Kingdom of Acheen）。在十七世紀之初，國勢大盛，竟統治蘇島之大半，而與土耳其、埃及、中國、及日本等國家，亦曾發生外交關係。自一八八三年以來，亞齊人亦屢與荷蘭政府奮力抗爭，此種苦鬪精神，迄今尚未完全消滅。

河流　蘇門答臘受火山之賜，地土肥沃，兼以河流縱橫，灌溉亦極便利，茲以本島重要之河流，示之如下：

東流入馬六甲海峽者，有亞沙漢（Asahan）河，西克（Siak）河，金巴（Kampar）河，英得其利（Indragiri）河，占碑（Djambi）河，及巨港等。在西部之河流，均屬短小，因被一橫亘全島之峇利山山脉（Parisan Mountain Range）所限制也。

托木湖水深一五〇〇呎，長凡五六哩，面積約有二三〇平方哩，湖之南部有一小島，曰三摩西（Samosir）者，居有峇答人數千。此湖爲亞沙漢河河水之歸納所。

交通　蘇門答臘之東西兩岸，有小輪船維持各埠間之交通。島上鐵道尚未發達，惟公路可暢通各地。位於衛島之沙橫（Sabang），則爲遠洋輪船之煤站，故此鎮交通，亦稱便利。

物產　主要之物產爲煙草，但蘇門答臘之鑛產與農產亦豐富異常，如金、銀、石油、木材及橡皮等無一不有。而附近蘇島之勿里洞與邦加二島，則爲著名之產錫區域。

重要市鎮　在蘇門答臘之東岸者，有巨港、占碑、西克（碩坡）、望加麗，及棉蘭（棉蘭爲蘇島東岸之首邑與其海口不老灣（Belawan）相距祇十三哩，有鐵道連接）等。在西岸者有實武呀，巴東（Padang）（西岸之首邑）及萬古侖等。文島（Muntok）鄰近邦加島，亦係口岸。

教育　蘇島華僑教育辦理頗見認眞，於棉蘭有一華僑教育總會，總理全市華僑教育，故棉蘭華校之課程，假期，經費以及教員之待遇等等，完全劃一，不若其他各地之華校參差不一也。蘇東中學開辦以來，爲時不過五稔，但已具有相當之成績矣。

荷屬婆羅洲(Dutch Borneo)

婆羅洲之總面積約有二三五〇〇〇方哩，超過英屬馬來亞面積之四倍。此島之三分之二爲荷蘭所有，至砂朥越、渤泥、與英屬北婆羅洲，則在英國勢力範圍之內，而加布亞山脈（Kapuas Range）適成英荷兩屬地之分界線。此島內部盡未開發，爲野蠻之第亞克人(Dyaks)及其他蠻族所盤據。

荷人將其屬地分成兩行政區：在婆羅洲之西部者，曰坤甸(Pontianak)區，在南部及東部者，曰馬辰(Banjermassin)區。區內公路不多，交通全恃河流，蓋區內河道極多，且其中有若干河道可通小輪船，能上溯至一百餘哩也。

河流　在西部者有加布亞河(Kapuas River)，在南部者有峇里托河(Barito River)，在東部者有古推河(Kutai River)，此三河最大，至其他之大河則在英屬地內。

主要市鎮　在西部有坤甸、三發司(Sambas)及山口洋(singkawang)，在南部而適位於峇里托河之河口者有馬辰，在東部有三馬林達(Samarinda)。

物產　婆羅洲鑛產之富，超於爪哇及蘇門答臘。煤、石油及貴金屬之產量，亦已有可觀。森林中之出產，亦尙豐盛，如木材、橡皮、樹脂等，均有出口。惟其地大部份尙未開發，故不能如其他各屬地之繁盛耳。

西穀棕之種植極其繁盛，據說將一樹之樹心，費數日之時間，所製成之西穀米，可供一人一年之食糧。

西里伯(Celebes)

此島形狀奇特，內部多係高原（最高達一萬呎，）其形成此種之狀態，實由於火山之噴發，至於島中氣候非常溫和，土地亦極肥沃。島上居民共有三五〇〇〇〇〇人，其中以武吉斯人及望加錫人(Macassars)佔大多數。

本島有海灣三處：一曰婆尼(Boni)、二曰托洛(Tolo)、三曰莪倫打洛(Gorontalo)，三者之間，以此最著。

主要口岸　在島之西南者有望加錫（錫江，）在東北者有萬鴉佬(Menado)而在莪倫打洛海灣之口岸，其名與海灣名相同。

島中物產計有椰乾、咖啡、樹脂、香料、籐及眞珠等，而金與銀亦有出產。

摩鹿加羣島(Moluccas)

合濟羅羅、西蘭、安汶(Ambonia)及其他附近之若干小島，總稱曰摩鹿加羣島。島中居民共有五十餘萬人，以亞福斯人(Alfours)佔最多數。濟羅羅島(或稱哈瑪希拉 Halmahera)上之簡那底(Ternate)，及安汶島(在西蘭島之西南)上之安汶，爲主要之市鎮。

物產　摩鹿加羣島最著名之物產爲各種香料，及極樂鳥之羽毛。

峇厘(Bali)

峇厘爲世界上最美麗之小島，離爪哇島之東端極近，自泗水起程，一晚可達。島中岡巒起伏，縱全係山地，自島之極南至島之極北，吾人如坐汽車，竟日即到，沿途風景之美，令人稱羨。

在一九〇六年以前，此島成爲羣雄割據之局面，部落中之較強者有克隆克隆(Kloeng-kloeng)、伽蘭亞三(Karang-Asem)，及勤呀(Gianjar)等，每部各有一蘇丹，不時互相戰伐。自此年起，荷蘭始正式統治此島，而以伽蘭亞三之蘇丹，代表荷蘭政府，管理全島政務。

峇厘氣候有類爪哇，自十一月至三月爲雨季，但島上全年幾無日不雨，而每雨又必在下午或晚上，致使每日清晨之空氣鮮潔無倫，吾人每當朝旭將升之時，出外散步，洵一樂事。

島中土著卽稱峇厘人（Balinese）。當十六世紀之際，建設於爪哇之印度王國，被滅於回教王國時，爪哇居民之逃避於峇厘者，爲數不少，故峇厘人至今仍篤信佛教，而絕不受回教之沾染。峇厘人得天獨厚，多材多藝，男子體格強壯，富獨立自尊之心，女子眉淸目秀，多娟麗嫻雅之姝，是以舞蹈，戲劇，及鬬雞之技藝，甲於鄰島，而對於園藝、紡織、刺繡、以及製造金銀首飾等之正當職業，亦手術純熟，爲其他土人所不及。

峇厘無較大之市鎭，其首邑曰新伽拉耶（Singaradja），位於島之北境。其口岸曰美奴亞（Benoa），則位於島之南境。

第二十九章　英國屬地

砂勝越(Sarawak)

砂勝越歸英國保護，其境域自大都岬(Cape Datu)起，至渤泥之邊境止。面積有五八〇〇〇方哩，海岸線長五〇〇哩，居民約六十餘萬人。首邑曰古晉(Kuching)位於砂勝越河(Sarawak River)之下游。

居民之中，以第亞克人、馬來人、及華人為最多，約各五萬餘人。印度人極少，白種人約有五百，概任石油鑛場之工程師職員，及政府之官吏。

砂勝越為渤泥蘇丹贈與英人布魯克(Sir James Brooke)之禮物，蓋報答彼於一八四一年時，援助蘇丹壓平叛黨之功也。彼得此土後，即自任為酋長，至一八六四年始得英國之承認，至一八八八年始歸英國保護。現任酋長仍為布魯克之後裔。

地文要點　砂勝越主要之河流爲勝壤河（Rejang River），發源於婆羅洲內部之高山，西流入中國海，河口有一三角洲面積達一、二〇〇方哩。上溯七〇哩達詩巫（Sibu）（福州華僑極多故又稱新福州），於此河口始合爲一。勝壤河闊處達一哩，水量極深輪船可上溯至一七〇哩，小船可通五〇〇哩。次爲砂勝越河，此河航行甚爲困難。沙東河（Sadang River）之旁則有廣大之煤田。烏馴河（Oya River）流域產西穀米極多。此外尚有羅北河（Batang Lupar River）木膠河（Muka River），汶株汝河（Bintulu River），及峇南河（Baram River）（峇南河旁之鎮曰Claudetown，華人亦稱峇南）等，河旁概有小鎮，其名同於河名。

離渤泥邊境二十哩，有一米里河（Miri River），沿河盡產石油，著稱於世，故此河自歐戰以後，頓見重要。

砂勝越內地多山，尚未開發，且又爲以獵首（head-hunting）爲報仇之第亞克人所盤據，故外人深入頗覺危險。山中之最大者曰暮鹿山（Mount Mulu）高九六〇〇呎，白衣山（Mount Poi）高六〇〇〇呎，此外尚有馬登（Matang），攀狸猻（Penrissen），及剎都文（Santubong）諸山。

土角有四：曰大都岬，曰雪里岬（Cape Sirik），介於此二岬之間者有大都海灣（Datu Bay），在砂勝越河之河口有丹絨白(Tanjong Po)，在峇南河之河口有丹絨峇南(Tanjong Baram)。

交通　古晉與星洲之間，及詩巫與星洲之間均有定期輪船維持交通。境內公路不多，交通全恃水道，而自古晉至沙東煤田則有鐵道。在古晉、戈比脫(Goebilt)、沙東、詩巫、及米里諸大鎮，則有無線電臺，可與各地通訊。

物產　主要之農產物為西穀米、胡椒、橡皮、甘蜜、鳳梨、及其他林產物等。石油、煤、鐵亦為本境主要之物產，沙東煤田每月有煤二千噸可運出口。在米里則油井極多，於一九二二年時，每日可產尚未提鍊之石油已達二千噸，其輸送石油之鐵管，長達二哩有半。

教育　在米里、古晉、及詩巫三埠均有中華學校，尚稱完善。而天主教與耶穌教所辦之學校亦頗發達。

渤泥(Brunei)

渤泥介於沙勝越及英屬北婆羅洲之間，面積極小，計有四千方哩，海岸線長一百哩，與新加坡相距為七七〇哩。居民約二六、〇〇〇人，其中馬來人與婆羅洲之土人約佔二四、〇〇〇人，首邑亦曰渤泥，或稱汶來。

渤泥於十三及十四世紀時，非臣服於中國，卽臣服於馬六甲。葡萄牙人於一五二一年時曾蒞此土，其時渤泥爲一王國，國力伸展於婆羅洲之東部及菲律濱之一部，迨至本世紀之末，勢力卽日趨衰弱。於一八四一年時，砂勝越尙爲渤泥蘇丹所統治，是年卽割讓與布魯克，渤泥遂成爲今日之小朝庭矣。至一八八八年歸英國保護，在一九〇五年，英國始派一駐劄官於此邦，協助蘇丹處理政務。

物產　煤產於勿咯丹(Brooketon)，惟產量不多。橡樹與奇露冬樹之種植甚盛。西穀、棕、稻及克樞(Cutch)（爲茅草一類之植物與甘蔗相似，可爲染皮及藥用）亦有種植。

出口物中以煤、克樞、橡皮、奇露冬、西穀米、鰕乾及林產物等佔多數。此出口物中之半數，概經納閩運往星洲，蓋納閩爲較大之口岸，離汶來祇四十哩也。入口貨有米、棉織品、煙草、糖及煤油等。

交通　渤泥有一無線電臺，可與新加坡及歐洲通訊，在納閩、勿咯丹及天女龍(Temnurong)三處，則有較小之無線電臺。納閩及新加坡間，則更有定期輪船，維持交通。

英屬北婆羅洲(British North Borneo)

英屬北婆羅洲，在婆羅洲島之東北隅。其北以中國海爲界，東以蘇祿海與西里伯海爲界，西以中國海與渤泥爲界，南以荷屬婆羅洲爲界。適位於北緯四度與七度之間，其面積爲三一、一〇六方哩，約爲婆羅洲全島總面積之九分之一。其所處之位置，頗爲適中，計與香港相隔一二〇〇哩，與星加坡相隔一、〇〇〇哩，與馬尼剌相隔六〇〇哩，與達爾文海口（Port Darwin）（在澳洲）相隔一、五〇〇哩。

人口　據一九二一年之調查，全境共有居民二五七、八〇〇人。計杜松人（Dusuns）有一一二、二八七人，摩洛人（Muruts）有三七、四四七人，峇礁人（Bajaus）有三三、〇七〇其他一四一九六人，以上共計一九七、〇〇〇人，爲婆羅洲之土人。此外有華人三七、五〇〇人，荷印之土人有一一、〇〇〇人，馬來人二、〇〇〇人，印度人一、二〇〇人，菲律濱人及日本人各四五〇人，歐洲人及蘇祿人（Sulus）各四一五人，其他一、八〇〇人。

英屬北婆羅洲之總督及駐劄官由英國北婆羅洲公司（British North Borneo Co.）在倫敦

之董事部所委任，但同時須經英國殖民部之批准。輔助總督之行政機關，爲立法議會。全境共分五行政區：曰西岸區（West Coast）、曰古達區（Kudat）、曰三打根區、曰東岸區（East Coast）、曰內地區（Interior）。而全境西部之行政機關則設在亞庇（Jesselton），東部之行政機關則在三打根（Sandakan），此地爲本屬地之主要口岸，對外商務極其發達。

地文要點　境內最大之河流曰金那巴旦眼河（Kinabatangan River），其次有巴達斯河（Padas）、蘇古河（Sugut）、拉布河（Labuk）及西加末河（Segama）等。沿海各處海灣甚多，全境重要口岸概在海灣之旁。如於渤泥海灣（Brunei Bay）則有威斯頓鎮（Weston），於金馬尼士灣（Kimanis Bay）有金馬尼士鎮，於伽也灣（Gaya Bay）有亞庇鎮，於峇羅闘灣（Marudu Bay）有古達鎮，於培打灣（Paitan Bay）與拉浦灣（Labuk Bay）則無重要之市鎮，於三打根灣（Sandakan Bay）有三打根市，於達維爾灣（Darvel Bay）與剌乞拿篤灣（Lahad Datu Bay）亦無市鎮之建設，於可維海口（Cowie Harbour）則有斗湖鎮（Tawao）。

三打根有一優良之天然海口，其入口處之闊計一哩又半，口內開闊計五哩，長計十七哩，全境十七條河流之水均宣泄於此。

本屬地之海岸線，計有九百哩；散列於沿岸之島嶼，其數不少。就中最大者曰盤吉島(Banggi (Banguey) Island)面積有一六七方哩，此島離峇維蘭灣不遠。在此島之西則有峇眼島(Balambangan Island)。在伽也灣者有伽也島；在培打灣者，有占文眼島(Jambongan Island)；在達維爾灣者有丁浦馬達島(Timbu Mata Island)；在可維海口者則有先巴的島(Sebatik Island)。此外尚有在三打根灣內之島嶼，難以盡舉。

交通 自亞庇至米拉拉(Melalap)有一鐵道，中經坂巴(Papar)金馬尼士，門巴古(Membakut)而達保佛(Beaufort)由此折入內地，經丹菴(Tenom)至米拉拉。從保弗有一支線可達威斯頓。此外尚有一輕便鐵道計程八哩，自利乞拿篤起至達維爾之煙田止。在三打根則有一碎石公路，可通內地。自三打根至新加坡、菲律濱、香港、日本、及澳大利亞，則均有定期輪船維持交通。境內各市鎮間，又有電報電話藉通消息。此外尚有無線電臺四，為對外通訊之利器。

物產 北婆羅洲主要之富源為農業，故其物產有橡皮、煙草、木材、米、西穀米、籐、及椰子等。除上述普通之物產外，北婆羅洲更產名貴之燕窩、樟腦、及漆等。

歷史 北婆羅洲向屬渤泥，於十世紀時，常聘問中國，後以蘇祿蘇丹協助渤泥蘇丹勦滅海盜之功，遂由渤泥蘇丹將北婆羅洲沿海之全部，割讓與蘇祿。至一七六三年，蘇祿蘇丹將其已得之權利，再讓渡與東印度公司，英人遂於峇眼經營開闢，惜以地位不良，未幾即棄。自一八四五年英人布魯克及克伯爾(Sir Harry Keppel)毀滅在峇羅圖海灣內海盜之巢穴後，英人始再謀佔據矣。

至一八八一年蘇祿蘇丹更以此地正式讓渡與英國北婆羅洲公司，於是此地始有英屬北婆羅洲之名稱。迨至一八八八年方歸英國保護。考本屬地迄今尚爲英人之商業團體所統治，但其政績在英屬地中亦足令人賞讚也。

第三十章　菲律濱羣島(Philippine Islands)

菲律賓羣島計合呂宋島、棉蘭老島、三馬島、尼格羅島(Negros)、班奈島(Panay)、巴拉望島、民多羅島(Mindoro)、李姊島(Leyet)、宿務島(Cebu)及其他之若干小島而成。其首府為位於呂宋島上之馬尼拉，與新加坡相距一、三七〇浬，與香港相距六四〇浬。怡朗(Iloilo)位於班奈島上，為菲律濱第二重要口岸。此外尚有宿務及三寶顏(Zamboanga)等，亦為重要之市鎮。

從一五六五年起，菲律濱屬於西班牙，迄今西班牙語仍可通行各地。至一八九八年，始轉歸美國統治，於是英語亦逐漸流通島上。於一九三五年，美國議會始通過菲律濱自治案，准許菲律濱於十年以後可完全脫離美國，正式獨立。目前自治政府之第一任大總統，即奎松其人也。

此島居民約有一千萬人，其中有信仰基督教之七種馬來民族，幾佔總人口之十分之九。摩爾人(Moros)則信回教，尼格列多人(Negritos)則信異教，惟數無幾，不佔重要。

華人之在菲律濱者，其數約在十萬左右，其中百分之八五來自福建，餘概來自廣東，考僑居此島之華人，爲數雖不如英荷兩屬地之多，但菲島之重要商業如煙草、米、糖、酒、木材、椰乾等，幾全操於華人之手。

上述之七種馬來民族，示之如下，以備讀者之參考：即維薩顏人（Visayans），太加魯人(Tagalos)、怡魯堪奴人(Ilocanos)、比可爾人(Bicols)、班耶先納人(Pangasinanes)、班板眼人(Pampangans)及怡萬那人(Ibanags)是也。

菲島教育備極發達，有菲律濱大學一，農科最爲著名，吾華人之負笈於此校者，爲數不少。華僑教育則以華僑中學及中西學校最爲著名。凡華人在此所辦之學校，概半日讀中文，半日讀英文，此種辦法，頗適於當地之需要。

菲島交通以馬尼拉爲樞紐，美國、日本、香港、及新加坡等均有定期輪船與馬尼拉互相往返。全島計有鐵道七五〇哩，大多築在呂宋境內。

島中山嶺與火山甚多，最高之山峯自七千呎起，至九六〇〇呎止。

入口貨計有棉織品、米、鐵器、麵粉、煤、及罐頭食品等。出口貨以蔴、糖、椰乾、煙草、眞珠及玳瑁等爲主要。

附錄

一九三一年英屬馬來亞人口統計表

種別	海峽殖民地	馬來聯邦	馬來屬邦	總計
華人	664,018	713,173	332,833	1,710,024
馬來人	283,996	590,945	1,084,091	1,9[illegible]9,032
印度人	132,737	383,429	111,554	627,720
歐洲人	10,040	6,375	1,352	17,767
歐亞混血人	11,440	4,367	447	16,254
其他亞洲人	10,619	13,504	26,422	50,545
總計	1,112,850	1,711,793	1,556,699	4,331,342

上列之統計數字係根據新加坡扶輪社 Rotary Club 之演講稿，

一九三一年英屬馬來亞人口分配表

區別	人口	面積	每方哩平均數	對於1921年之增加百分比
新加坡	566,399	217	2,610	33.26
檳榔嶼	359,757	388	927	18.21
馬六甲	186,694	720	259	21.61
海峽殖民地總計	1,112,850	1,315	846	26.04
大霹靂	766,025	7,800	98	27.87
雪蘭莪	532,872	3,151	169	32.27
森美蘭	233,100	2,550	91	30.40
彭亨	179,796	14,000	13	23.20
馬來聯邦總計	1,711,793	27,500	62	29.20
柔佛	505,309	7,500	67	79.04
吉打	429,645	3,800	113	26.91
吉蘭丹	362,622	5,870	62	17.24
丁加奴	179,664	6,000	29	16.86
玻璃市	49,297	316	156	22.98
馬來屬邦總計	1,526,537	23,486	65	
渤泥	30,162	2,500	12	18.51
馬來亞總計	4,381,342	54,801	80	23.36

本表所列之面積，與實際稍有出入，其單位以方哩計。

1921 年之人口為 3,358,000 人。

馬來亞每十年調查人口一次。

華巫對照表

（以適用於本書者爲限）

Ayer	水
Bagan	碼頭
Bandar	口岸，鎮
Batu	石
Besar	大
Bharu	新
Buah	果
Bukit	山（低小）
Bunga	花
Chandu	鴉片
Gunong	山（高大）
Ikan	魚
Kampong	村
Kechil	小
Kota	堡壘
Kuala	河口，港口，下游
Laut	海
Muda	中年
Orang	人
Padang	平原，草地
Pulau (P.)	島，嶼
Selat	海峽
Sungei (S.)	河
Tanah	陸
Tanjong (Tg.)	海角，岬
Teluk	海灣
Ulu	上游
Datu	貴族

專名對照表

（以第一字之筆劃多少爲序）

一劃

一尋場 One Fathom Bank

一郎山 Gunong Irong

1909 年協定 Agreement of 1909

二劃

十八燈河 Sungei Sapetang

刁門島 Pulau Tioman

丁加奴 Trengganu

丁加奴河 Sungei Trengganu

丁加奴岬 Trengganu Head

丁加魯岬 Tanjong Tingaroh

丁宜島 Pulau Tinggi

丁宜河 Sungei Tinggi

丁敷河 Sungei Tengah

丁哥厲島 Pulau Tenggol

丁浦馬逸島 Timbu Mata Island

三劃

大年 Patani

大島 Pulau Besar

大山脚 Bukit Mertajam

大石島 Pulau Batu Besar

大漢山 Gunong Tahan

大隴島 Pulau Talang

大龍河 Sungei Tarong

大霹靂 Perak

大都岬 Cape Datu

大佐吉靈 Captain Keeling

大德公島 Pulau Tekong Besar

大連達島 Great Redang Island

大新伽河 Sungei Singa Besar

大漢都山 Gunong Besar Hantu

大羊師山 Gunong Tapis

大都海灣 Datu Bay
大臣會議 Council of Ministers
大洋文丁島 Pulau Dayang Bunting
大素地利河 Sungei Sedili Besar
小連達島 Little Redang Island
小新伽島 Pulau Singa Kechil
小素地利河 Sungei Sedili Kechil
小素地利土角 Tanjong Sedili Kechil
三石山 Bukit Batu Tiga
三石島 Pulau Batu Tiga
三馬島 Samar Island
三寶壟 Semarang
三寶顏 Zamboanga
三發司 Sambas
三打根 Sandakan
三打根灣 Sandakan Bay
三馬林達 Samarinda
三摩西島 Samosir Island
三岷谷山 Gunong Semangkok
三岷谷山道 Semangkok Pass
山竹(菓名) mangosteen
山口洋 Singkawan
山芭灣河 Sembawang River
山玻安八 Sempang Ampat
于魯色丁 Ulu Serting
于魯蓊巴 Ulu Gombok
于魯彭亨 Ulu Pahang
于魯冷吉 Ulu Langat
于魯涼山 Gunong Ulu Liang
于魯雪蘭莪 Ulu Selangor
于魯吉蘭丹 Ulu Kelantan
于魯孔國山 Gunong Ulu Kongkoi
于魯克角山 Gunong Ulu Kechau
于魯加烈山 Gunong Ulu Kali
于魯濂納山 Gunong Ulu Jerneh
于魯三岷谷山 Gunong Ulu Semangkok
于魯布洛斯山 Gunong Ulu Prus
于魯的得峇沙山 Gunong Ulu Titeh Basak
士覽馬 Selama
士覽馬河 Sungei Selama
士拉馬山 Gunong Slamat
上霹靂 Upper Perak
下霹靂 Lower Perak

四劃

毛里 Morib
斤斤 Chinchin
方位島 Direction Island
木膠河 Muka River
公務局 P. W. D.
斗湖鎮 Tawao
戈比脫 Goebilt
牛耶礁老 Gorontalo （我倫打洛）
仇雷山 Gunong Jerai
內地區 Interior District
日惹 Djokjakarta
日本街 Japan Street
木歪 Bruas
木歪河 Bruas River
井里汶 Cheribon
井大華沙山 Bukit Chintawasa
太平 Taiping
太密爾人 Tamils
太加魯人 Tagalos
爪哇 Java
爪哇海 Java Sea
爪哇人 Javanese
勿里洞島 Billiton
勿里達 Blitar
勿咯丹 Brooketon
比亞河 Sungei Piah
比可爾人 Bicols
比沙嶺伽山 Gunong Besar Tiga
牙兀 Jugra
牙兀河 Sungei Jugra
牙籠 Gelang
天定 Dindings
天女龍 Temnurong
天明山 Gunong Temiang
天貓山 Gunong Temuan
天猛公（攝政官）Temenggong
中岬 Middle Cape
中華山 Gunong China
中國海（南中國海）China Sea
中央山脈 Central Range
中央精神醫院 Central Mental Hospital
文丁 Mantin
文冬 Bentong
文島 Muntok
文亞老 Menado
文農山 Gunong Benom
巴打馬拉甲 Batang Malaka

巴打馬拉甲山 Bukit Batang Malaka

巴打馬拉甲河 Sungei Batang Malaka

巴烈 Parit

巴烈文打 Parit Buntar

巴烈丁宜 Parit Tinggi

巴烈爪嗶 Parit Jawa

巴拉斯山 Gunong Pallas

巴拉望島 Palawan Island

巴拉巴海峽 Balabac Strait

巴都牙也 Batu Gajah

巴都美令勤 Batu Beringin

巴都美倫達 Batu Berendam

巴耶黎巴 Paya Lebar

巴耶雅貢 Paya Jakun

巴耶勤安 Paya Jennang

巴利馬司 Pasir Mas

巴剎菩提 Pasir Puteh

巴都菩提山 Gunong Batu Puteh

巴雙（巴生） Klang

巴雙河 Klang River

巴雙港口 Kuala Klang

巴雙島 Pulau Klang

巴雙海峽 Straits of Klang

巴布亞羣島 Popua Islands

巴塘海峽 Selat Pandan

巴來蒲流 Balek Pulau

巴利士他路 Balestier Road

巴東（把東） Padang

巴剎 Pasar

巴陵 Baling

巴陰 Pajam

巴西逸打島 Pasir Itam Island

巴米加山 Pamekasan

巴達听河 Padas River

巴詩海口 Bass Harbour

巴詩班讓 Pasir Panjang

巴登濱立 Padang Terap

巴登濱立河 Sungei Padang Terap

巴登比沙 Pedang Besar

巴硫比沙 Pasir Besar

巴硫山 Gunong Pasir

巴蘇林區 Pasoh Reserve

丹菴 Tenom

丹那茉拉 Tanah Merah

丹必泥（木名） tempinis

丹絨白 Tanjong P…

丹絨鹿 Tanjong Ru

丹絨昏 Tanjong Rhu

丹絨端 Tanjong Tuan

丹絨騷 Tanjong Sauh

丹絨加東 Tanjong Katong

丹絨林婆 Tanjong Lembu

丹絨峇南 Tanjong Baram

丹絨加泰 Tanjong Katak

丹絨馬林 Tanjong Malim

丹絨巴葛 Tanjong Pagar

丹絨無呀 Tanjong Bunga

丹絨亨篤 Tanjong Hantu

丹絨蒲龍 Tanjong Burong

丹絨濕米 Tanjong Bras Basah

丹絨庇能加 Tanjong Penanga

丹絨紅牡丹 Tanjong Rambutan

丹泡亞灣土角 Tanjong Telok Tempoyak

五劃

仙都 Sentul

令金 Rengam

叻思 Rasa

由河 Johol

穴鑛 open cast

本尋 benzine

甲板 Papan

白衣山 Mount Poi

奴靈山 Gunong Noring

民多羅島 Mindoro Island

卡羅高原 Karo Plateau

必立河 Berih River

生奇山森林保留區 Bukit Senggeh Forest Reserve

民底耶村 Kampong Mentiga

旦馬樂（木名） damar laut

平丹果（木名） bintangor

平板屋 bungalow

平丹眼山 Bukit Bintangan

可蘭經 Koran

可可羣島 Cocos Islands

可維海口 Cowie Harbour

司利蒲島 Pulau Sribuat

司法委員法庭 Judicial Commissioner's Courts

巨港（地名，河名，古國名） Palembang

打巴 Tapah

打巴路 Tapah Road

皮生島 Pulau Pisang

皮沙山 Gunong Besar

立比區 Lipis

立比河 Sungei Lipis

立法會議 Legislative Council

占碑 Djambi

占堡河 Sungei Jempol

占文眼島 Jambongan Island

甘蜜 jambier

甘的島 Pulau Kendi

甘馬挽 kemaman

甘馬挽河 Sungei Kemaman

石巖 Batu Caves

石岷人 Semang

石蘭太岬 Tanjong Selantai

尼奧河 Sungei Nyok

尼羅斯河 Sungei Nelus

尼亞士島 Pulau Nias

尼格羅島 Negros Island

尼格列多人 Negritos

北岬 North Cape

北海 Butterworth

北海峽 North Channel

北岩爵士 Sir Northcliffe

北加浪岸 Pekalongan

北加浪金巴 Pengkalan Kempas

古毛 Kuala Kubu

古晉 Kuching

古林 Kulim

古林（木名） kulim

古達 Kudat

古打鎮 Kota

古打巴魯 Kota Bharu

古打士他 Kota Star

古推河 Kutai River

古都山 Bukit Kutu

古彭巴蘇 Kubang Pasu

古勞河 Kurau River

古勞灣 Telok Kurau

古勞港口 Kuala Kurau

布先 Pusing

布萊 Prai

布魯 Buru

布魯克 James Brooke

布勒河 Sungei Plus

布辣河 Sungei Blat

布拉尼嶼 Pulau Brani

布朗湦河 Sungei Beranang
瓜剌立比 Kuala Lipis
瓜剌比勝 Kuala Pilah
瓜剌冷吉 Kuala Langat
瓜剌百加 Kuala Paka
瓜剌克洛 Kuala Krau
瓜剌馬浪 Kuala Marang
瓜剌墨達 Kuala Muda
瓜剌龍運 Kuala Dungun
瓜剌崎麗 Kuala Krai
瓜剌關丹Kuala Kuantan
瓜剌慶樓 Kuala Endau
瓜剌丁加奴 Kuala Trengganu
瓜剌甘馬挽 Kuala Kemaman
加影 Kajang
加影山 Bukit Kajang
加冷區 Kallang District
加冷河 Kallang River
加柏山 Gunong Kabut
加里蒙 Karimon
加里馬達海峽 Karimata Strait
加布亞河 Kapuas River
加布亞山脈 Kapuas Range
加蘭宜河 Kranji River
加爾各答 Calcutta
加隆浜島 Kalumpang Island
加侖 gantang

六劃

仰光 Rangoon
百加港 Sungei Paka
色丁河 Sungei Serting
考斐兒山 Caulfield's Hill
回律 Mohammedan Law
充寶海峽 Chombol Strait
好望角殖民地 Cape Colong
老巴虱 Old Market
州議會 State Council
伊勞山 Gunong Irau
伊斯蘭（回教） Islam
伊密麗山 Mount Emily
行政區 Residency
行政會議 Executive Council
印度教 Hinduism
印度兵變 Indian Mutiny
多柏島 Pulau Tuba
安順 Telok Anson
安汶 Ambonia

安西山 Gunong Angsi
安那武吉河 Sungei Anak Bukit
安達曼羣島 Andaman Islands
地領 Triang
地領河 Sungei Triang
地支港 Titi
地黃沙山 Gunong Diwangsa
先務島 Pulau Sibu
先巴的島 Sebatik Island
先布龍河 Sungei Sembrong
先密盧山 Gunong Semero
朱毛 Chemor
朱綠河 Sungei Juru
朱堪鎮 Chukai
托督 Tolo
托木湖 Lake Toba
托來斯海峽 Torres Strait
米里 Miri
米里河 Miri River
米拉瓦 Raja Melawar
米拉拉 Melalap
西克（碩坡） Siak
西克河 Siak River
西貢 Saigon
西沙山 Gunong Sesak
西岸區 West Coast
西利伯 Celebes
西利伯海 Celebes Sea
西蘭島 Ceram
西林新河 Sungei Selinsing
西加末河 Segama River
西拉流灣 Telok Sera
西穀米 sago
西穀棕 sago palm
吉打 Kedah
吉打河 Kedah River
吉打峯 Kedah Peak
吉蘭丹 Kelantan
吉蘭丹河 Kelantan River
吉尼林河 Sungei Kenering
吉來登河 Sungei Keratong
吉靈土角 Tanjong Kling
吉靈羣島 Keeling Islands
吉隆坡 Kuala Lumpur
吉菓（果名） chikus

七劃

沙東 Sadong

沙東河 Sadong River
沙横 Sabang
沙都 Setul
沙立山 Gunong Salih
沙蓋人 Sakai
沙籠 sarong
伽也灣 Gaya Bay
伽拉斯河 Sungei Galas
伽蘭亞三 Karang-Asem
佛羅理島 Flores
佛羅理海 Flores Sea
佛蘭色山 Bukit Fraser
佛蘭克瑞天成 Frank Swettenham
何新 Syed Husin
伯漢天羣島 Perhentian Islands
庇能的 Penanti
庇能加 Penanga
庇愛土角 Tanjong Piai
庇門奇濯島 Pulau Pemanggil
邦哥 Pangkor
邦哥島 Pulau Pangkor
邦哥小島 Pulau Pangkor Kechil
邦哥海峽 Straits of Pangkor
邦哥條約 Treaty of Pangkor
邦加島 Banka Island
邦加海峽 Banka Strait
邦達海 Banda Sea
邦洛丹洋 Pondok Tanjong
那泊丹 Negapatam
那淡路 Northam Road
那土那軍島 Natunas
杜松 Dusun Tua
杜松人 Dusuns
杜朗河Sungei Trong
杜朗島 Trong Island
杜孟古山 Gunong Tumangoh
李格 Ligor
李毛島 Pulau Rimau
李姊島 Leyet Island
杏山島 Pulau Angsa
宋卡河 Sungei Sungkai
利萬河 Sungei Lebam
別蘭本山 Gunong Berembun
吧城（巴達維亞）Batavia
呂宋島 Luzon
里克 Lekir
希橋山 Gunong Hijau
汶株汝河 Bintulu River

更嘉 Kangar

巫來由人 Orang Melayu

車胎 vehicle tyres

求大桑哥爾岬 Tanjong Gertak Sanggul

冷吉河 Sungei Langat

兵打島Pulau Bintang

兵打山 Gunong Bintang

克里 Kreh

克晉 Kru

克羅 Kroh

克洛河 Sungei Krau

克洛脫 Kloet

克洛福特 John Crawfurd

克伯爾 Harry Keppel

克伯爾路 Keppel Road

克伯爾海口 Keppel Harbour

克拉嶼 Pulau Kra

克拉土腰 Isthmus of Kra

克拉奇大旅店 Crag Hotel

克倫尼路 Cluny Road

克倫尼羅斯家族 Clunies Ross Family

克利馬 Kelemak

克里寬羣島 Kerimun Islands

克大班土角 Tanjong Ketapong

克隆克隆 Kloengkloeng

克樞（植物） cutch

克孟檸（木名） kemuning

克蘭棋（木名） keranji

八劃

坤甸 Pontianak

板巴 Papar

松巴島 Sumba

松巴瓦島 Sumbawa

松崖烏鎮 Sungei Ujong

松丁峇樂山 Gunong Sunting Baloh

杭俠山 Gunong Yong Yap

杭勃拉山 Gunong Yong Blar

林茂 Rembau

林茂山 Gunong Rembau

林茂河 Sungei Rembau

杷樂（木名） balau

杷枯（木名） bakau

泗水 Soerabaya

沿海區 Coast District

油棕 oil palm

泥亞拉司 Nyalas

泥亞拉司河 Sungei Nyalas
波德申 Port Dickson
波丹 Bertam
波奴 Pernu
波馬打朋得哈拉 Permatang Bendahara
法庭 Courts
芙蓉 Seremban
花菓山 Gunong Bunga Buah
羌鹿 muntjac
私都文山 Mount Santubong
依助 Grik
和半街場 Sungei Siput
駅亞摩笙 Gua Musang
妮麗 Nilai
居鑾 Kluang
門巴古 Membakut
直民丁宜 Tebing Tinggi
所羅門羣島 Solomon Islands
明那加保 Menangkabau
政府總醫院 Government General Hospital
易那司山 Gunong Inas
易斯甘大 Sri Paduka Sultan Iskandar Shah
朋達哈拉 Bendaharas
朋特刺山 Bukit Bendera
孟加拉灣 Bay of Bengal
孟加靈人 Benglees
孟他哈山 Gunong Muntahak
武吉斯人 Bugis
武特蘭德 Woodlands
武吉巴梳路 Bukit Pasoh Road
拉布河 Labuk River
拉浦灣 Labuk Bay
拉荷山 Gunong Laho
拉蒲河 Sungei Labu
拉愛脫 Francis Light
拉加渡岬 Cape Rachado
刺也山 Gunong Raja
刺律師山 Gunong Laris
刺乞拿篤灣 Lahad Datu Bay
怡保 Ipoh
怡朗 Iloilo
怡萬那人 Ibanags
怡魯堪奴人 Ilocanos
昔加密 Segamat
昔加密山 Segamat Hill

昔加密河 Sungei Segamat
昔勤丁土角 Tanjong Seginting
奇拉 Jerak
奇里河 Sungei Jeles
奇露冬 Jelotong
奇露冬（植物） jelotong
昆勒果村 Gelugor
其雷 Jelai
其雷河 Sungei Jelai
其蘭河 Sungei Jeram
其打島 Pulau Ketam
其里亞島 Pulau Jerejak
其明千河 Sungei Gemencheh
的摩爾島（帝汶） Timor
的摩爾海 Timor Sea
的鵠島 Pulau Tikus
的立古人 Telegus
的立夢河 Sungei Telemong
的立巴蒲羅山 Gunong Telepah Burok
的孟哥河 Sungei Temengor
的逢蘇（木名） tembusu
阿伯奎 Albuquerque
阿圖拉 Abdulla
阿路士打 Alor star
阿伯脫船塢 Albert Dock
阿姆斯特丹 Amsterdam
阿魯亞羣島 Aroa Islands
阿脫拉斯蛾 atlas moth
亞齊 Acheen
亞齊人 Achinese
亞齊酋長 Achinese Raja
亞齊王國 Kingdom of Acheen
亞逸打 Ayer Etam
亞逸沙勒 Ayer Salak
亞逸德魯 Ayer Terup
亞逸羅文 Ayer Lombong
亞今（煤田） Batu Arang
亞庇 Jesselton
亞勞 Arau
亞益意淡 Ayer Hitam
亞益崎零 Ayer Kring
亞沙漢 Asahan
亞哉山 Gunong Ayam
亞魯茄查 Alor Gajar
亞福斯人 Alfours
亞拉佛拉海 Arafura Sea
亞南巴羣島 Anambas

亞答（植物） attaps

東甲 Tangkah

東岸區 East Coast

東岸路 East Coast Road

東岸鐵道 Fast Coast Railways

東方熔錫公司 Eastern Smelting Co.

東印度羣島歷史 History of the Indian Archipelago

金丹 Kinta

金丹河 Kinta River

金巴 Kampar } 在蘇島

金巴河 Kampar River } 在蘇島

金寶 Kampar

金寶河 Sungei Kampar

金馬士 Gemas

金馬士河 Sungei Gemas

金馬雪河 Sungei Kemasik

金馬仙河 Sungei Kemassin

金馬尼士 Kimanis

金納峇魯山 Mount Kinabalu

金那巴旦眼河 Kinabatangan River

金文泰 Cecil Clementi

九劃

峇峇人（土生） Babas

峇答人 Battaks

峇礁人 Bajaus

峇南 Claudetown

峇南河 Baram River

峇釐島（蔴利） Bali

峇釐人 Balinese

峇釐海峽 Bali Strait

峇里托河 Barito River

峇利山山脈 Barisan Mountain Range

峇眼島 Balambangan Island

峇眼色海 Bagan Serai

峇眼達督 Bagan Datok

峇眼其馬爾 Bagan Jermal

峇眼端克吉爾 Bagan Tuankchil

峇株巴轄 Batu Pahat

峇株巴轄河 Sungei Batu Pahat

峇魯河 Sungei Bharu

峇魯村 Kampong Bharu

峇羅圖灣 Marudu Bay

峇亨灣 Telok Bahang

峇耶立柏 Bayan Lepas

峇皮島 Pulau Babi

英屬北婆羅洲British North Borneo
英屬馬來亞 British Malaya
英國北婆羅洲公司 British North Borneo Co.
英國駐劄官British Resident
英國顧問 British Adviser
英華學校 Anglo-Chinese School
英得其利 Indragiri
英那詩 Inas
英特拉浦峯 Gunong Indrapura
英兩 ounces
曾長墨達 Raja Muda
柏赤 Mr. Birch
美奴亞 Benoa
美東島Pulau Betong
美林平 Belimbing
美林平山脈 Belimbing Range
美朗河 Sungei Berang
美羅河 Sungei Bidor
美塞 Besut
美塞河Sungei Besut
美朧山 Gunong Bedong
勃拉河 Sungei Bra
勃督牙 Broga
勃朧灣 Belawan
勃崙脫山 Gunong Blumut
勃督安山 Bukit Bruang
勃拉更麥顛島 Pulau Blakang Mati
玻璃市 Perlis
玻璃市山 Gunong Perlis
玻璃市河 Perlis River
玻里維亞 Bolivia
紅毛樓 Kuala Klawang
紅橋頭 Thomson Road
紅燈碼頭 Johnston's Pier
紅牡丹 rambutan
約西 Juasseh
約克郡 Yorkshire
約霸河 Sungei Jabok
哈倫 Syed Harun
哈德亥 Haadyai
哈德莫脫 Hadramaut
哈瑪希拉（濟羅羅） Halmahera
柔佛 Johore
柔佛河 Sungei Johore
柔佛河口 Kuala Johore
柔佛條約 Treaty with Johore
柔佛海峽 Selat Tebrau, Straits

of Johore

皇家船塢 King's Dock

皇家殖民地 Crown Colony

皇后獎學金 Qneen's Scholarship

查甸碼頭 Jardine's Wharf

查查維河 Sungei Jajawi

查羅麥司河 Sungei Jarum Mas

海人 orang laut

海峽殖民地 Straits Settlements

海峽貿易公司 Straits Trading Co.

海峽輪船公司 Straits Steamship Co.

海鳥糞 Guano

威斯來 Province Wellesley

威斯頓 Weston

威爾斯太子島 Prince of Wales Island

南寧 Naning

南岬 South Cape

南海峽 South Channel

砂勝越 Sarawak

砂勝越河 Sarawak River

茄果山 Gunong Gagau

茄查麥的河 Sungei Gajak Mati

茂物 Buitenzorg

茂昌河 Sungei Merchang

保佛 Beaufort

礮台路 Fort Canning Road

香料羣島 Spice Islands

珍珠山 Pearls Hill

帝龍河 Sungei Telom

茉拉河（墨刺河） Sungei Merah

飛鈴奇 Batu Feringgi

修道女學 Convent Girls' School

十劃

拿乞 Lahat

拿律 Larut

拿律河 Larut River

拿律山脈 Larut Hills

健美雄 Kemayon

倍賓頓山 Gunong Bergantang

梅保河 Merbok River

栖拉耶 Seraya

格拉山 Gunong Grah

格蘭士角 Tanjong Glang

格林維區 Greenwich

格蓋武吉村 Kampong Kaki Bukit

恩倍 Umbai

恩登戰艦 Emden

納閩島 Island of Labuan

納閩岬 Tanjong Labuan

紐頓 Newton

砵衛 Port Weld

盎凡爾 Antwerp

貢巴灣 Telok Kumbar

浦來山 Gunong Pulai

梁發工廠 Leong Fee's Work

特夫開發公司 Duff Development Co.

班讓山 Bukit Panjang

班南島 Panay Island

班也朋岬 Tanjong Penyabong

班愚浦山 Gunong Penumpu

班加蘭峇拉 Pangkalan Balak

班加蘭峇魯 Pangkalan Bharu

班板眼人 Pampangans

班耶先納人 Pangasinanes

般超山 Bukit Panchor

高烟區 Krian District

高烟河 Sungei Krian

高淵 Nibong Tebal

高盧河 Sungei Golok

翁打島 Pulau Undan

翁古蒲蘇山 Bukit Ungku Busok

峨刺河 Sungei Gula

峨刺港口 Kuala Gula

秘書長 Chief Secretary

哥踏丁宜 Kota Tinggi

臭貓 musang

烏太浦 Ootapoo

烏百島 Pulau Upeh

烏耶河 Oya River

烏榮丹那 Ujong Tanah

馬來細亞 Malaysia

馬來羣島 Malay Archipegalo

Malay Islands

馬來半島 Malay Peninsula

馬來人 Malays

馬來各邦 Malay States

馬來聯邦 Federated Malay States

馬來聯邦鐵道 Federated Malay States Railways (F. M. S. R.)

馬來屬邦 Non-Federated Malay States

馬來貴族學校 Malay College

馬來樹膠 gutta-percha

馬六甲 Malacca
馬六甲 Malacca cane
馬六甲中學 Malacca High School
馬六甲海峽 Straits of Malacca
馬口 Bahau
馬雀 Machap
馬登 Matang
馬登咽底 Batang Berjuntai
馬登巴登 Batang Padang
馬登巴登河 Sunge. Batang Padang
馬可尼 Marconi
馬加山 Gunong Makar
馬蓋山 Gunong Bakar
馬浪河 Sungei Marang
馬尼剌 Manila
馬辰 Banjermassin
馬都拉島 Madura
馬都拉人 Madurese
馬喏八歇 Majapahit
馬克斯維爾山 Maxwell's Hill
馬婆展覽會 Malaya-Borneo Exhibition

十一劃

培羊山 Bukit Payong
培打灣 Pa'tan Bay
宿務島 Cebu Island
曼谷 Bangkok
勞埠 Raub
崎業 Gap
達亞克人 Dyaks
麻打拉斯 Madras
梧槽河 Rochore River
教員養成所 Training College
悉德尼戰艦 Sydney
琅波克島 Lombok
密拉包 Merapau
逗達羣島 Redang Group
野新 Jasin
野牛 selandang
細密拉 Semerak
細密拉河 Sungei Semerak
雀保 Chabau
雀蔦山 Gunong Chabang
章宜河 Changi River
章宜土角 Tanjong Changi
陳巴達山 Bukit Chempadak
陳藹爾（木名）Chengal

麥袍 Merbau

麥蘭蒂 Meranti

麥古太阿姆 Mahkota Alam

望加錫（錫江） Macassar

望加錫人 Macassarese

望加錫海峽 Macassar Strait

望加麗島 Bengkalis

望萬山 Bukit Bemban

康威爾 Cornwall

康諾脫橋Connaught Bridge Junction

康華列司礮臺 Fort Cornwallis

淡邊 Tampin

淡邊嶺 Tembeling

淡邊嶺河 Sungei Tembeling

淡邊嶺土角 Tanjong Tembeling

淡邊尼路 Tampenis Road

淡馬魯 Temerloh

婆尼 Boni

婆羅洲 Borneo

婆羅浮屠 Boroboedoer

婆婆山 Gunong Bubu

荷蘭國 Holland

荷蘭路 Holland Road

荷蘭街 Heeren Street

荷屬婆羅洲 Dutch Borneo

荷屬東印度羣島 Dutch or Netherlands East Indies

雪冬山 Gunong Sitong

雪里岬 Cape Sirik

雪克人 Sikhs

雪克教 Sikhism

雪茄烈山 Bukit Segari

雪旋那山 Bukit Sedenan

雪龍岡河（後港）Serangoon River

雪蘭莪 Selangor

雪蘭莪河 Sungei Selangor

雪蘭莪港口（瓜剌雪蘭莪） Kuala Selangor

十二劃

華民政務司 Secretary for Chinese Affairs

華人顧問部 Chinese Advisory Boards

華文副提學司 Assistant Director of Chinese Education

華來斯 A. R. Wallace

棉蘭 Medan
棉蘭老島 Mindanao
森美蘭 Negri Sembilan
森美蘭羣島 Sembilan Island
森林之保留 Forest Reserves
森林之再造 Reforestation
曾厝港 Chan Chu Kang
普渡 Pudu
普金山 Gunong Pukin
普來山 Gunong Pulai
普來河 Sungei Pulai
菓園路 Orchard Road
菲律濱羣島 Philippine Islands
渤泥（汶來） Brunei
渤泥灣 Brunei Bay
溫泉 Ayer Panas
開來島 Carey Island
閔都 Lord Minto
雅片 chandu
雅貢人 Jakuns
猩猩 orang utan
琼琼河 Sungei Junjong
喬治市（檳城） George Town
費資仇紀念堂 Fitzgerald Memorial

富社 Kretay
富社河 Sungei Kretay
寧宜河 Linggi River
寧宜河口 Kuala Linggi
寧吉利河 Sungei Nenggiri
堪特朗河 Sungei Kendrong
堪特朗山 Gunong Kendrong
堪那必山 Gunong Kenapi
彭亨 Pahang
彭亨河 Pahang River
彭亨都亞村 Kampong Pahang Tua
彭亨統一公司 Pahang Consolidated Co.
巽他羣島 Sunda Islands
巽他海峽 Sunda Strait
巽他人 Sundanese
番盤山 Mount Faber
番瓜 papaya

十三劃

新山 Johore Bharu
新加坡（星洲，石叻） Singapore
新谷拉 Singgora
新街場 Sungei Besi

新及島 Singkep

新望月河 Sungei Semenyih

新加拉邪 Singaradja

新邦安班 Simpang Ampat

新幾尼亞 New Guinea

奥賓島 Pulau Ubin

奥爾島 Pulau Aur

奥斐山 Mount Ophir

塞甘 Serkam

塞拉 Salak South Junction

塞太咸岬 Tanjong Setajam

塞蘭大 Selandar

塞叻吉靈島 Pulau Selat Kring

雷佛士 Stamford Raffles

雷佛士學校 Raffles Institution

雷耶山 Gunong Raya

雷耶村 Kampong Raja

電船 motor boat

暗邦 Ampang

照文河 Sungei Chobong

葛保山 Gunong Kerbau

愚安山 Gunong Nuang

奮淡山 Gunong Hitam

裕捷路 Joo Chiat Road

會厝港 Seletar

義利坡 Jelebu

椰乾 copra

衛督 Yamtuan

鄉村法庭 Courts of Kathies and Penghulus

愛德華第七醫藥專門學校 King Edward VII Medical College

滙刺士 Trass

勤呀 Gianjar

勤丁山 Bukit Ginting

勤丁山道 Ginting Pass

勤丁三板山 Gunong Genting Sempah

勤瑞戰艦 Jemtjng

瑞天咸Port Swettenham

瑞天咸碼頭 Swettenham Pier

瑞龍河 Jurong River

路骨港口 Kuala Lukut

路骨比沙河 Sungei Lukut Besar

萬撓 Rawang

萬丹島 Pulau Batam

萬古侖 Bencoolen

萬隆 Bandoeng

萬利山 Bukit Mandai

萬里蓼 Merlimau

萬里霧 Menglembu

萬地安令山 Gunong Mandi Angin

萬打巴魯 Bandar Bharu

萬打馬哈拉尼（蘇坡） Bandar Maharani

萬打班加蘭（峇株巴轄）Bandar Penggaram

萬麥運河 Wan Mat Canal

葫蘆河 Sungei Buloh

葫蘆江沙（江沙） Kuala Kangsar

達爾文海口 Port Darwin

達維爾灣 Darvel Bay

達督克倫那 Dato Klana

達督朋大爾 Dato Bandar

道北 Tumpat

詩吊河 Sungei Stiu

詩巫（新福州） Sibu

詩令河 Sungei Slim

詩令山脈 Slim Range

詩燗河 Sungei Sepang

詩文壇河 Sungei Semantan

詩里民那底 Sri Menanti

詩巴塘山 Sempadang Hill

聖高僧山 Gunong Sanggul

聖誕島 Christmas Island

聖誕島燐鑛公司 Christmas Island Phosphate Company

聖約翰島 St. John's Island

聖安德羅 St. Andrew

聖喬治教堂 St. George Church

聖保羅學校 St. Paul's School

聖芳濟學校 St. Francis Institution

聖紮維厄學校 St. Xavier's Institution

聖若瑟學校 St. Joseph Institution

聖密克爾學校 St. Michael's Institution

十四劃

廖內 Riau

廖內龍牙羣島 Riau-Lingga Group

榴槤 durian

榴蓮洞甲河 Sungei Durian Tunggal

榴蓮海峽 Durian Strait

漢登教堂 Hendon Church

碩莪 tapioca

碧澗 Pekan

端洛 Tronob

旗商山 Bukit Kesang

旗商河 Sungei Kesang

榜莪河 Punggol River

實吊遠 Sitiawan

實武呀 Sibolga

遠東海底電綫公司 Eastern Extension Telegraph Co.

賢蘭山 Gunong Dulang

賓都屹頓島 Pulau Pintu Gedong

蓓哈拉島 Pulau Berhala

蒲桃 jambu

蒲公嶼 Pulau ukum

蒲冷島 Pulau Bulang

蒲蘭滙 Plangei

蒲流石萬 Pulau Sebang

蒲窮馬拉甲山 Gunong Bujong Malaka

維也納條約 Treaty of Vienna

維薈顏人 Visayans

維都利亞海口 Victoria Harbour

維都利亞學校 Victoria Institution

瑪瓏 Malang

嘉嶺河 Sungei Kerling

鳳梨 pineapple

銅盃魚 ikan Merah

齊智人 Chetty

歌利也基 Collyer Quay

十五劃

德文 Tebung

德雷克 Drake

慶樓 Endau

慶樓河 Sungei Endau

褒[illegible]河 Sungei Pergau

摩爾[illegible] Moros

摩洛人 Muruts

摩鹿加羣島 Moluccas

摩司侠脫戰艦 Mosquet

慕鹿山 Mount Mulu

蘇坡 Muar

蘇坡河 Muar River

蓮花河教堂 Farquhar Street Chapel

潘拉耶山 Bukit Perajah

潘女珠岬 Tanjong Penunjut

魯莽 Raja Lumun

魯麥 Lumut

魯麥島 Pulau Lumut

魯伊河 Sungei Rui

魯卜支那 Lubok China

魯濱孫路 Robinson Road

墨加岬 Muka Head

墨剌河（茉拉河） Merah River

墨剌山（巫吉美剌） Bukit Merah

墨達河 Sungei Muda

墨達尤塞夫 Raja Muda Yusof

墨達易理斯 Raja Muda Idris

黎巴河 Sungei Lepar

撒哈拉沙漠 Sahara Desert

駐劄參事官 Resident Councillor

劍橋高中證書 Cambridge School Certificate

十六劃

衞島 Pulau Weh

暹羅 Siam

暹羅條約（曼谷條約） Treaty with Siam

積輳營河 Sungei Chenderiang

盤南河 Bernam River

勝壤河 Rejang River

獨夫土角 Tanjong Tohor

篤羅山 Gunong Troh

篤公土角 Tanjong Tokong

橡樹 rubber tree

橡樹汁 latex

縐片（橡皮一種） crepe

燕埠 Yen

燕橋河 Sungei Ijok

錫米 tin ore

錫山 Bukit Timah

錫蘭 Ceylon

龍牙 Lingga

龍運區 Dungun

龍運峽 Tanjong Dungun

龍運港 Sungei Dungun

龜咯 Kukub

龜咯島 Pulau Kukub

歐亞混血人 Eurasian

賴開詩武 Lancaster

十七劃

謙屈拉 Jitra

濟魯河 Sungei Cherol

濟羅羅島 Gilolo

濕米路 Bras Basah Road

總監 High Commissioner

彌德塞克斯 Middlesex

聯邦會議 Federal Council

聯邦條約 Treaty of Federation

十八劃

嚕吻 Lunas

藍丁加島 Pulau Latiga

蟛蜞島 Bangi (Pangney) Island

檳榔嶼(檳城,庇能) Penang

檳城義學 Penang Free school

檳榔東甲 Pinang Tunggal

檳榔溪村 Sungei Pinang

簡那底 Ternate

霧邊 Gopeng

豐盛港 Mersing

雙門丹 Serendah

雙溪大年 Sungei Patani

雙溪烏打 Sungei Udang

雙溪峇加 Sungei Bakap

雙溪蘭倍 Sungei Rambai

鎢鑛 wolfram

鯆魚 ikan pari

十九劃

羅北河 Batang Lupar River

羅賓河 Sungei Rumpin

羅米尼亞岬 Cape Rumenia

關丹 Kuantan

關丹河 Kuantan River

櫓霧 Labu

麗泊河 Sungei Lebir

彎連蘇山 Mount Penrissen

二十劃

蘇丹沙 Sultan shoal

蘇丹街 Sultan Street

蘇丹亞八加 Sultan Abubakar

蘇丹勃拉沁 Sultan Ibrahim

蘇古河 Sugut River

蘇門答臘 Sumatra

蘇祿人 Sulus

蘇祿海 Sulu Sea

蘇祿羣島 Sulu Archipelago

蘇奇海峽 Suji Strait

二十一劃

蘭格山 Gunong Lang

蘭加維羣島 Langkawi Islands

蘭洮班讓 Rantau Panjang

蘭加維島 Pulau Langkawi

蘭嘉蘇伽 Langkasuka

霹靂河 Perak River

霹靂山 Bukit Perak

鐵木 bilian

礦埠 Kuang

二十三劃

鯧魚 ikan bawal

二十四劃

壩律 Tank Road

鹽牙河 Sungei Ringai

◆E三九五四

中華民國二十七年七月初版

（94772）

英屬馬來亞地理一册

每册實價國幣柒角伍分

外埠酌加運費匯費

著作者　張禮千

發行人　王雲五　長沙南正路

印刷所　商務印書館　[illegible]

發行所　商務印書館　各埠

（本書校對者　袁汞美　陳忠杰）